PORTADA
Asamblea de las naciones unidades: en
una de las múltiples reuniones sobre
turismo sostenible del 16 de abril 2024.
Foto original donado por NEXO TRAVELS
para la portada del libro.

CONJETURAS DE LAS RELACIONES INTERNACIONALES

PARTE II

Título original: Conjeturas de las Relaciones Internacionales II
Primera edición: junio 2024
ISBN: 9798327387621

Del texto: Teodomiro Monsuy EYÍ ABANG
moneyiconomiste@yahoo.fr
Cultura Literaria (Ed)
abesojorge@gmail.com
CulturaliterariaGE@gmail.com
B/ Ela Nguema. Malabo (Rep. de Guinea Ecuatorial)
Telf.: 240 222501725

Teodomiro Monsuy EYÍ ABANG

CONJETURAS DE LAS RELACIONES INTERNACIONALES

PARTE II

Agradecimientos:

Un agradecimiento a mi esposa, por su ardua paciencia en todo este periodo de investigación. No quiero dejar de agradecer al resto de mi familia: Mi madre, mi madrastra, mis hermanos, sobrinos, primos, cuñados y todos los miembros de la familia que me han estado dando ánimos para poder terminar este libro.

Todo lo que hacemos en la vida, hay gente que siempre, y de forma directa o indirecta, tienen un papel que aportarnos. En este sentido siendo este mi primer trabajo publicado, entre los varios que tengo trabajado, me gustaría en primer lugar expresar un agradecimiento de forma muy particular al Señor Jorge ABESO NDONG, quien a través de nuestros intercambios intelectuales, me animó a sacar del armario estos trabajos, para que mis conocimientos y trabajos de investigación, así como mi visión, puedan ser presentadas a un público que podría necesitarlo.

También quiero de una forma especial agradecer a la editora Cultura-Literaria, del grupo Elat-Moyong, quienes han hecho un excelente trabajo con esa obra mía, tanto el primero y el segundo volumen, ambos poseen la forma final deseada que permitirá, presentarlo como un trabajo apto para el público.

En esta sucesión de agradecimientos, siempre hay una Génesis y ahí, es donde interviene la figura del Doctor Sergio ABESO TOMO, quien por la cercanía familiar y profesional, me inspiró a seguir investigando años después de haber terminado mis estudios. Lo que me hizo proseguir los estudios que me hicieron hacer las correspondientes investigaciones, para terminar en un Libro como el que estoy presentando. Se suele decir que dime con quién andas y te diré quién eres, creo que pasar un buen tiempo al lado del Doctor TOMO, como se le apela ecotadamente, ha sido un motivo para llegar al trabajo que hoy presento y los que seguiré presentando.

Padre, aunque hoy ya no formas parte de esta vida, sé que estás presente a través de tu memoria en mí; y el recuerdo de tus enseñanzas moldea cada paso que doy en mi vida.

Gracias a tu ejemplo puedo enfrentar situaciones de la vida cotidiana, poniendo en práctica tus paradigmas que, a su vez, me estimulan para aspirar ofrecer a mis hijos lo que te quedó por enseñarme.

Muchas gracias padre por haber existido en este mundo, y por ser hoy la luz que guía mi vida.

Tu herencia en mí, supera cualquier valor económico; y el amor profundo y sincero que me diste, nunca tendrá precio. Te agradezco por todo.

Padre, dicen que solo se muere uno cuando se le olvida: siempre estarás vivo en este primer libro y en todos los demás, como la consagración de tu esfuerzo en convertirme en una persona útil para el beneficio de la sociedad.

En memoria de mi padre, El General Isidoro EYI MONSUY ANDEME

ÍNDICE

NOTA DEL AUTOR

Después de dos años investigando el campo de las relaciones Internacionales, me he dado cuenta de que todo parece haber sido dicho, analizado, interpretado y visionado.

Ante la insistencia de querer también aportar mi granito de arena, he observado que, aun existiendo tanto libros como los actuales existentes en el campo de las relaciones Internacionales, y aunque todos tienen su parte de verdad y su parte de aporte a este campo: *no todos pueden, ni son comprendidos por los lectores.*

Incluso un libro etiquetado de "súper ventas" en el campo de las Relaciones Internacionales, tiene en nuestro mundo, el de nuestro país y otros tantos, cierta gente que leyéndolo no comprenderían lo que el autor quiere decir o está explicando, por supuesto que me refiero a este grupo de numerosa gente que, queriendo curiosear en este campo, no logra situarse en los trabajos expuestos en el mercado de los grandes libros que tratan esta temática.

Mi intención haciendo este trabajo, no es corregir o modificar lo que ya existe como aporte en el campo de las Relaciones Internacionales, tampoco quiero hacer ver a los lectores que este trabajo es el que han de tener como paradigma o la mejor referencia; lo que espero es que en alguna parte, si alguien siente que los libros que ha podido consultar le resultan difícil de comprender, que tome el tiempo de observar mi forma de interpretar las Relaciones Internacionales a través de mis conjeturas.

Las Relaciones Internacionales son tan vastas que, cada vez surgen nuevos conceptos y temas que, a ella se pueden adherir y los cuales necesitan ser explicados; por lo que, sabiendo que, desarrollar todos estos conceptos y temas pueden extenderse toda la vida, he visto necesario escoger siete temáticas, los cuales he juzgado necesario desarrollar con una comprensión basada en mis conocimientos personales y mis diferentes experiencias, de forma que me permitan dar un aporte a este campo que es el de las Relaciones Internacionales.

En mi tesis doctoral seleccioné siete conjeturas para poder explicar desde mi propia visión el campo de las Relaciones Internacionales. A lo largo de los años, decidí compartir con el mundo mis observaciones y análisis con la edición de dos libros que espero que ofrezcan una explicación sencilla a este vasto campo del conocimiento de las relaciones entre naciones.

Con el primer volumen se expusieron cuatro temas o conjeturas:

La Diplomacia y los Tratados Internacionales, se presentó como la Primera Conjetura de Las Relaciones Internacionales; La Estrategia de los Países Desarrollados, fue la segunda conjetura; La Comunicación Institucional fue la tercera conjetura; y para culminar en vez de abordar el cuarto capítulo de la tesis original, se abordó a consejo del editor, La Política Económica Internacional que correspondería a la séptima conjetura.

Con este nuevo volumen dos, que es la continuación del primero, se exponen las tres restantes conjeturas:

El Capítulo I: expone La Cuarta Conjetura, La Política Del Mundo Musulmán; el Capítulo II: expone La Quinta Conjetura, La Política Exterior Americana; y para finalizar surge el Capítulo III: La Sexta Conjetura, las Naciones Unidas y La Seguridad Global.

No sirve de nada crear algo nuevo si lo que existe aún no ha sido comprendido por todos. Las relaciones Internacionales son tan vastas que, cada vez surgen nuevos conceptos, tal vez del conocimiento de muchas personas, pero que para otras les resulta difícil comprender o interpretar.

Muchos dirían que falta un tema relacionado con África o con Guinea Ecuatorial, y mi respuesta seria: no me veo desarrollar un tema en el contexto de las Relaciones Internacionales sin mencionar aunque sea de una forma indirecta a Guinea Ecuatorial, o África.

Teodomiro Monsuy EYÍ ABANG

PREFACIO

«De las muchas personas que poseen, pocos suelen tener la capacidad de ayudar a los que no tienen». Esta reflexión, concluida en el cierre del primer volumen de «Conjeturas de las Relaciones Internacionales», marca el umbral hacia un nuevo territorio de análisis y reflexión en esta segunda entrega. El autor, Teodomiro Monsuy EYÍ ABANG, nos sumerge en un viaje intelectual renovado y apasionante a través de una serie de conjeturas completamente diferentes e igualmente interesantes.

El primer capítulo, titulado "La Cuarta Conjetura: La Política del Mundo Musulmán", nos sumerge en un análisis profundo de la sociedad musulmana y su dinámica interacción con el mundo occidental. Monsuy utiliza no solo su vasta experiencia personal, sino también una amplia gama de referencias literarias para explorar los aspectos estructurales, ideológicos, funcionales y visionarios de esta sociedad. Desde su perspectiva, nos adentramos en la complejidad de una cultura definida por su religión y su historia geopolítica, ofreciendo una visión clara y objetiva.

Desde los atentados del 11 de septiembre, ha habido una desconfianza generalizada hacia los musulmanes, si bien la mayoría son moderados, los extremistas han creado una imagen negativa de todos ellos: la manipulación de la fe musulmana por individuos o grupos con ambiciones personales ha llevado a la violencia y el extremismo. El futuro del mundo musulmán debe estar en manos de los verdaderos creyentes que buscan la paz y la comprensión.

En esta obra en general, el autor intenta mantener una postura objetiva, enfatizando que no busca tomar partido en los conflictos, sino ofrecer una visión analítica basada en su experiencia y en referencias académicas. La inclusión de experiencias personales añade credibilidad y profundidad a las disertaciones, ya que el autor da ejemplos concretos de las dinámicas sociales y religiosas en Marruecos. El texto se apoya en diversas referencias literarias para respaldar sus afirmaciones, estas enriquecen el análisis, proporcionando perspectivas externas que complementan las observaciones del autor. La obra es clara, con secciones bien definidas que facilitan la comprensión y el disfrute de la misma.

El siguiente capítulo, «La Quinta Conjetura: La Política Exterior Americana», nos brinda una mirada crítica y profunda sobre el papel de Estados Unidos en el escenario internacional. Monsuy aborda cuestiones fundamentales sobre el liderazgo estadounidense, explorando su posición en el mundo, sus responsabilidades como potencia preeminente y las complejas interacciones con otras naciones. Desde un análisis detallado hasta reflexiones audaces sobre el impacto de su política exterior, este capítulo nos desafía a repensar nuestras percepciones sobre el papel de América en el mundo contemporáneo.

Ser la primera potencia mundial, subraya Teodomiro, también conlleva desventajas significativas, como la sobreexposición y la percepción negativa de otros países. El autor señala que la hegemonía implica responsabilidades y expectativas. Estados Unidos, como líder mundial, debe tomar la iniciativa en crisis globales, y esto genera una dependencia de otros países hacia sus decisiones y acciones.

Este tratado de las Conjeturas de las Relaciones Internacionales, concluye en el tercer y último capítulo, «La Sexta Conjetura: Las Naciones Unidas y la Seguridad Global», donde Monsuy ofrece un análisis exhaustivo de los desafíos y oportunidades en la gestión de la seguridad a nivel mundial. Desde la formación de la ONU hasta las crisis contemporáneas, el autor examina las complejas dinámicas que definen la seguridad global, destacando la necesidad imperiosa de una cooperación internacional más sólida en la búsqueda de un mundo más seguro y equitativo para todos.

Con una narrativa clara y perspicaz, respaldada por una profunda erudición y una sólida base teórica, Monsuy nos guía a través de un vasto paisaje de ideas y análisis en el campo de las relaciones internacionales. Este libro no solo informa, sino que también desafía y provoca, invitándonos a reflexionar sobre los complejos entramados que configuran nuestro mundo contemporáneo.

Bienvenidos a esta segunda parte de «Conjeturas de

las Relaciones Internacionales». Acompañen al autor en este fascinante viaje intelectual y prepárense para desafiar sus propias percepciones y comprensiones sobre nuestro mundo y sus políticas.

Taller Cultura Literaria del grupo Elat-Moyong
09 de marzo 2024

«La paz y la seguridad internacional pueden garantizarse cuando cada país disfruta de una paz interna y cuando se respete sus derechos fundamentales e inalienables»

Obiang Nguema Mbasogo, Nueva York 2017.

CAPITULO I: LA CUARTA CONJETURA, LA POLÍTICA DEL MUNDO MUSULMÁN

Hay comparaciones que tal vez no se deban realizar, pero que valen la pena exponerlas para expresar de forma clara una situación sin necesidad de que ésta pueda ser juzgada positiva o negativamente. Dicho esto, creo que si una sociedad pudiera, hoy en día en el Siglo XXI, recibir la etiqueta de sociedad maldecida, colectividad sufrida, esta sería la sociedad musulmana, y en particular la región de Oriente medio; la razón de esta principal y severa aseveración, es sin duda alguna «el elemento objeto de disputa en el mundo actual» y que casi se puede considerar como el corazón funcional del mundo moderno, **El Petróleo**, pues parece que Oriente Medio está encima de un rio subterráneo de petróleo.

Oriente medio es el principal centro de concentración de países que poseen la religión musulmana como dominante; y Los musulmanes, en su forma de funcionar, actuar, tomar decisiones y analizar e interpretar las cosas, tienen como base la cultura árabe y como ideología la religión del islam.

Este tema tiene un carácter especial para mí, ya que, toda mi trayectoria universitaria en el periodo 2002-2008, lo pasé en Marruecos, donde obtuve un diploma marroquí y dos diplomas franceses. Y si de mi experiencia en marruecos se tratase, puedo tomarla como punto central para poder hacer análisis de un país musulmán, de una sociedad musulmana, y me inclinaría a firmar que: la Sociedad Musulmana es idéntica a la Occidental, con la única diferencia de que, todo lo que los musulmanes hacen en la oscuridad y en las sombras, los occidentales lo hacen de forma abierta. El Escritor Louis-Georges Tin, en su Libro Intitulado «*Diccionario de la Homofobia*» (2012) lo resume de la siguiente manera: *en los Países Musulmanes, la distinción entre lo que se puede hacer en público o en privado es más riguroso que en occidente.* Tal vez el título del Libro sea un poco chocante, pero lo que nos interesa es que entre los musulmanes y occidente, ciertas maneras sociales tienen puntos de interpretaciones distintas.

La política del Mundo Musulmán es un tema que, en caso de desarrollarlo de acuerdo a la situación contemporánea actual, terminaríamos entrando en una situación donde tendríamos que juzgar y pronunciarnos a favor o en contra de los diferentes conflictos que relacionan, directa o indirectamente, a los países árabes.

En este primer capítulo del volumen dos, abordaremos la cuarta Conjetura de las Relaciones Internacionales, la política del mundo musulmán, donde aterrizaremos en varios puntos como: **La Sociedad Musulmana**, en el que habremos de estudiar su *estructura, ideología, funcionamiento y visión*; para diferenciar dos conceptos fundamentales a los que muchos no encuentran diferencia, el de ser ***Musulmán y Árabe: y su Posicionamiento,*** analizando varios puntos como *Los Musulmanes en el Mundo Árabe, y su postura ante la Política Occidental;* al igual que *la postura de occidente ante la posición musulmana.* Analizaremos también ***la hipótesis musulmana contemporánea****, su lado oscuro, y el futuro de su política,* afín de *concluir este tema.*

Desarrollando este tema, mi intención no es tomar posiciones a favor ni en contra sobre el mundo musulmán y las diferentes situaciones que están atravesando sus naciones. Lo que quiero demostrar es que, el mundo de las Relaciones Internacionales se encuentra inmerso en un periodo de choques culturales e ideológicos, donde la principal causa de oposición y divergencia es la forma y la manera de hacer e interpretar las cosas.

***

1. LA SOCIEDAD MUSULMANA:
    ESTRUCTURA, IDEOLOGÍA,
    FUNCIONAMIENTO Y VISIÓN.

Después de estar más de cinco años seguidos viviendo con los musulmanes, en una sociedad musulmana, me he dado cuenta de que una de las principales razones por las cuales los habitantes de un país extranjero terminan siendo segregados por los habitantes de los países donde deciden vivir por diversos motivos (Estudios, Trabajo, Turismo… etc.) suelen ser las siguientes:

- **La Aceptabilidad.**

Yo soy un cristiano, y si puedo entrar más en las precisiones diría que soy un cristiano católico. A partir de ahí, si por un motivo me encuentro en un país o sociedad musulmana, tengo que aceptar lo que son sus habitantes, es decir musulmanes.

- **La Comprensibilidad.**

Después de aceptar lo que es una sociedad, la otra etapa importante debe consistir en comprender lo que son, y por qué lo son. De esta forma podremos comprender mejor a la sociedad en la que vamos a vivir o con la que vamos a interaccionar.

- **Adaptabilidad.**

Después de aceptar una sociedad y comprenderla en su modo de funcionar, actuar y pensar, la última etapa consiste en intentar adaptarse a ella; de esta forma la interacción será recíproca, respetuosa y más fácil.

Pero… qué ocurre en la realidad: nos encontramos con grupos sociales que viajan a otros países esperando que sus países de acogida sean los que den el primer paso en la aceptabilidad, comprensibilidad, y adaptabilidad, mientras la iniciativa debe venir del visitante.

En este apartado, no pretendo entrar en una lección del instituto sobre la sociedad musulmana a través de desarrollos cronológicos, históricos y minuciosos con nombres y apellidos. Mi intención consiste en presentar breves desarrollos analíticos de la Sociedad Musulmana de forma que, desde una perspectiva de las Relaciones Internacionales se pueda dar sentido de lo que es en la sociedad musulmana: la Estructura, la Ideología, El Funcionamiento y la Visión.

1.1. Estructura.

La sociedad Musulmana, si se puede decir algo de ella en relación a su estructura, yo creo que la palabra a pronunciar seria la Dios o la mejor pronunciación que prefieren los musulmanes, Alá. Cabe resaltar aquí que la estructura a la que me refiero es la estructura social. En efecto, la sociedad musulmana, incluso en los casos más insólitos y absurdos, tiende a adoptar una estructura de funcionamiento presentando como referencia y modelo a seguir a la Palabra de Dios "Alá", y de esta forma, poder justificar sus actos de forma que, sus miembros no puedan presentar opiniones contrarias o dudosas.
En el libro de la escritora Olga Lepijina, intitulado *«Naciones y hegemonías en el espacio postsoviético (1991-2008). El peso de la historia y la política de Estados Unidos»* (2012), se habla de la sociedad musulmana como una sociedad sin estructura eclesiástica consagrada, la cual se apoya en la autoridad de Líderes Espirituales.

Creo que la escritora tiene razón en su afirmación, ya que los musulmanes parecen obedecer más a sus líderes que a la autoridad de la Meca, la cual debería ser para ellos lo mismo que el Vaticano para nosotros; y para complementar diría que, sea para el bien o para el mal, dichos líderes espirituales utilizan el nombre Dios para ganar la confianza de los adeptos (ejemplo, Dios o Ala dice que…, Dios o Ala quiere que… Etc.)

1.2. Ideología.

La mejor forma de ilustrar una idea personal, para hacerla comprender, es a través de una hipótesis en forma de exposición histórica; basándose en este principio, siempre he dicho que donde se habla o se menciona la presencia del hombre, se hablará de un margen de error por muy pequeño que sea. Ya que del hombre no se puede esperar la perfección total inmediata, sino la perfección progresiva.

Hoy en día, hablar de la cultura perfecta es para muchos hablar de la cultura occidental; cuando miramos los países más desarrollados y avanzados tecnológicamente, la mayoría son países occidentales en un sentido no conflictivo y cristianos; pero dando un breve recorrido del pasado de la historia religiosa, vemos que la última religión abrahámica es el Islam. Lo que la confiere el carácter de religión imperfecta en comparación con las demás, si la medida es el tiempo.

La sociedad musulmana, al considerarse como detentora y poseedora de la última Religión abrahámica en llegar, socialmente sus principios e ideología van dirigidas en un sentido de promover lo correcto, lo necesario, lo adecuado y lo ideal. Por lo que, la ideología de la sociedad musulmana es la de impregnar lo que debe ser considerado como la verdad, aun cuando los métodos no sean los más convencionales o adaptados a nuestra forma de actuar. De hecho, el escritor Alex McFarland, en su libro «Diez Respuestas para los Escépticos» dice lo siguiente: *con los musulmanes, comprenda que está lidiando con la creencia de que la suya es la revelación suprema de Dios.*

1.3. Funcionamiento.
Del funcionamiento de la sociedad musulmana se puede pronunciar una palabra, «Obstinación».
La sociedad musulmana, sin intención de criticarla ni de alabarla, tiene un funcionamiento basado en una obstinación a unos principios de «Fe» que nadie puede cambiarlas por mucho que lo intente, o por mucho que

ellos mismos interiormente quieran. He ahí que muchas veces, ni toleran ni aceptan, solo pueden verse obligados a ceder.

1.4. Visión.

Tal vez desde el exterior, la sociedad musulmana tiene una visión de sociedad incomprensible y de difícil acceso; pero será difícil dar una aclaración sobre la verdadera visión de la sociedad musulmana, si los propios musulmanes no exteriorizan lo que tienen por dentro. Esta exteriorización se traduciría por una actitud de apertura a las demás sociedades, desde el plan religioso.

Muchas personas, no musulmanes, opinan que la sociedad musulmana debería tener y adoptar una visión más abierta para el dialogo, ya que no se puede juzgar al otro si no conoces del porqué de sus decisiones. Además, para corregir al otro uno tiene que comprender y conocer sus límites.

2. MUSULMÁN Y ÁRABE: POSICIONAMIENTO

Si escuchamos la palabra musulmán, inmediatamente debemos saber que se trata de una persona cuya religión es el Islam. Al Contrario, si escuchamos la Palabra Árabe, inmediatamente debemos saber que se trata de una persona que habita en un País Musulmán, donde la religión principal es el Islam[1]. Tal vez esta sea una reflexión simple o limitada, pero permite, y sobre todo evita, entrar en un atosigante relato retrospectivo de los

---

[1] (principalmente en Oriente Medio y África del Norte, aunque los países con un número mayor de Musulmanes no se encuentran ni en Oriente Medio ni en África del Norte).

dos términos.

Desarrollando este segundo apartado, la intención no es volver a presentar un curso Universitario de Primer ciclo sobre la cultura o la historia del mundo árabe, o sobre los musulmanes. Meramente lo que se intenta demostrar aquí, utilizando la palabra **Posicionamiento**, es que dentro de la esencia de los Musulmanes, el termino Árabe es la referencia indisociable de distinción; por lo que cualquier posicionamiento que queramos hacer de los, y sobre los Musulmanes, previa o los primeros dos precedents, debe mencionar el término Árabe.

2.1. Los musulmanes en el Mundo Árabe.

Mi experiencia en Marruecos me ha permitido hacer una reflexión:

Puedes vivir dentro de un país Árabe con los musulmanes, conociéndoles, sabiendo quienes son; pero sin comprender su forma de vivir y ser.

Tal vez sea polémico lo que voy a decir, pero a veces tengo la impresión de que los musulmanes tienen al mundo árabe en una especie de prisión de influencia. La pregunta sería ¿Qué sería el Mundo Árabe sin los Musulmanes? o la interrogación ¿el Mundo Árabe seria el Mismo sin los Musulmanes?

La mejor respuesta a estas dos preguntas, creo que sería una "no respuesta", ya que, el destino realizado solo se puede especular con varias hipótesis, los cuales no harán más que seguir metiéndonos en un tenor de cuestiones sin salida.

Lo que puedo decir para concluir este sub-apartado es

que, aunque la mayor concentración de Musulmanes no se encuentre en el mundo Árabe, creo que sin el Mundo Árabe, y sobre todo los países que lo componen, los Musulmanes no tendrían la misma inspiración religiosa que tienen hoy día, que les confiere una especie de solidaridad ciega e inquebrantable, la cual a veces puede conducirles a tomar decisiones inesperadas.

2.2. La Postura Musulmana Ante la Política Occidental.

Sin ganas de entrar en la polémica, hay un dicho que suele decir que, en la práctica de la ley del más fuerte, no se necesita preguntar al otro ¿qué es lo que quiere? O ¿qué es lo que espera de ti?, simplemente decides sobre lo que piensas y crees que es bueno para él.

En la relación de la Sociedad Musulmana y la Occidental, traducida en términos políticos de relaciones, parece que la postura musulmana es la defensiva. Pero, "parecer" no es "ser", ya que algo puede parecer lo que no es.

La política occidental, cuando entra en una zona, región o territorio que no funciona bajo sus ideologías, o cuando encuentra un modelo de comportamiento que no logra comprender, que no está etiquetado de acuerdo a su modelo funcional, lo que hace es terminar considerándolo como arcaico, limitado, y lo pone una etiqueta de modificable. En lo referente a la postura musulmana, esta se puede considerar como defensiva ante la Política Occidental, eso es debido a que en la primera, disponiendo de sus propias ideologías de funcionamiento e interpretación, las cuales lleva utilizando desde hace varios siglos, está siendo cuestionado por la Política Occidental. La cual, considera ciertas prácticas musulmanas como no adaptadas a la sociedad moderna o al mundo moderno.

En definitiva, creo que la postura musulmana, ante la política occidental es la reacción típica y normal de cualquiera (persona o Institución) ante el temor de ver perderse los valores que les hacen únicos.

La publicación del escritor Abdelmumin AYA, intitulado "El Islam No Es lo que Crees" (2012), nos demuestra que, el Islam se resume en una sola Palabra, y es la **protección**. Según el escritor, el Islam es la protección, y la revelación Coránica, que te invita a protegerte para luego proteger a los demás. Todo el esfuerzo del profeta Mahoma, se centró en la construcción de un universo de protección dentro de un mundo amenazante. Ahí donde no hay ley, no queda más que el Islam.

Creo que, con esta publicación del escritor AYA, se puede comprender el porqué de la actitud defensiva musulmana ante la política occidental. Aunque sería bueno recalcar de forma clara que: la amenaza que pueden sentir algunos musulmanes no es hacia el occidental, sino hacia la política occidental.

2.3. La Postura de Occidente ante la Posición Musulmana.

Hay una mentalidad común y corriente aquí en Guinea Ecuatorial, y es que la persona que se encuentra en una situación social menos favorable[2], es y debe ser siempre la víctima. Aquí, incluso cuando una persona en

---

[2] (pobre o con una vida muy humilde y limitada)

situación social desfavorecida va a provocar a la persona socialmente favorecida (en un sentido Rico y Poderoso); si la persona socialmente favorecida responde, la menos favorecida termina diciendo que le están maltratando porque no es nadie, lo que termina en reclamaciones de Libertades y derechos. Ahora, para reclamar derechos, debes saber tus obligaciones y límites.

Sé que, cuando se esté leyendo esta obra, muchos se interrogarán del porqué hablar de «situación social menos favorable» y « situación social más favorable», o del porqué dar un ejemplo de Guinea Ecuatorial.

La respuesta es simple, entre la postura de occidente y la posición musulmana, no podemos hablar de víctimas, ya que, de la misma forma que unos (Occidente), quieren corregir a los demás, los otros (musulmanes), quieren demostrar a los demás lo que consideran como la verdad. De ello reflexiona el escritor Perry Stone, en su libro «Se Desata la Bestia: El dictador fanático que viene y su coalición de diez naciones» (2011), nos presenta una bonita afirmación de esta doble postura de los Musulmanes y los Occidentales diciendo que: *aunque muchos musulmanes no buscan un verdadero combate, los islamistas dedicados y practicantes radicales, creen que el mundo necesita convertirse al islam. De la misma manera que los cristianos desean extender el evangelio por todo el Mundo.*

En definitiva, la postura de occidente ante la posición Musulmana y de una forma así la parte viceversa, resulta ser en realidad una incomprensión tanto a nivel político que a nivel socio-cultural, ya que, los políticos tienden a demostrar hegemonía y superioridad, mientras el grupo socio cultural, tiende a cambiar y a modificar lo desconocido en los demás.

3. HIPÓTESIS MUSULMANA CONTEMPORÁNEA.

Los diversos acontecimientos producidos en los últimos años, y en los cuales se ha vinculado de una forma directa e indirecta a la sociedad musulmana, y sus miembros en particular; conjugado con la facilidad con que la comunicación se vehicula hoy en día, gracias a numerosos medios de comunicación con acceso gratuito; así como el cada vez más fácil acceso a Internet. Ha hecho que, hoy en día, con tan solo mencionar un nombre o apellido relacionado con el entorno Árabe y la religión musulmana, exista un motivo para llamar la atención a la desconfianza y con mirada a la sospecha.

Parece una ofensa decirlo, pero desde los atentados del "11 de septiembre 2001", en casi todo el mundo, incluso en los Países Africanos, aun cuando estos sean como el caso de Mali, Senegal, Guinea Conakry… Etc. Países Musulmanes, existe una forma de inquietud y desconfianza hacia los ciudadanos de Oriente Medio en particular, y en general hacia todos los musulmanes.

La realidad es, ciertamente, a un prototipo de imagen vehiculada por algunos acontecimientos, y coincidiendo con un grupo común que se ha generalizado a toda una región y religión.

El escritor Alex McFarland, en su libro « Diez Respuestas para los Escépticos» (2012), nos explica de forma resumida, todo lo que he explicado de la siguiente manera: e*n el mundo actual, algunas personas asumen de que todos los musulmanes son jihadistas radicales de la variedad de Al qaeda.* De hecho, estos extremistas representan solo una minoría, la mayoría de los musulmanes son mucho más moderados en sus creencias. Pero eso no quiere decir que sean menos devotos.

Siempre que tengamos una idea, nuestra lógica nos lleva a hacer una comparación con los trabajos que ya existen, y poder proceder a nuestras propias conclusiones. En definitiva, en la sociedad contemporánea, entre la interpretación que una gran parte del mundo tiene del Mundo Musulmán, y la realidad que descubrimos cuando tenemos la ocasión de relacionarnos con un "verdadero" musulmán, untado con los verdaderos principios de esta religión, encontramos una diferencia abismal que nos conlleva a hacer la siguiente pregunta:

¿Es necesario estereotipar a todo un grupo hasta el extremo de no confiar más en ellos por los errores de unos cuantos miembros, perdidos en la ignorancia y fanatismo?

Por respeto a su ideología, que les obliga a actuar como lo hacen, no voy a pronunciarme respondiendo a la pregunta. Pero por las víctimas inocentes de ciertas acciones, y actuaciones de algunos miembros descarriados, voy a decir que tampoco estos grupos minoritarios merecen vivir en Paz.

3.1. El Lado Oscuro del Mundo Musulmán.
El lado oscuro del mundo musulmán, resulta de una simple y pura mala interpretación de lo que se puede considerar como la ideología Musulmana, así como de los valores que representan esta religión.

Mucha Gente dentro del entorno del Mundo Musulmán, intenta dar una base sólida a sus aspiraciones y ambiciones personales, utilizando fuentes ideológicas musulmanas para poder manipular a los demás, y de esta forma ganar adeptos para sus acciones. De hecho, la famosa expresión "Guerra Santa", es un arma destructiva utilizada por algunos fanáticos que dicen ser musulmanes, pero que en el fondo practican una religión diabólica que se cubre bajo las ideologías musulmanas. No he visto a Dios o Alá, pero tengo una cosa muy clara, y es que si realmente es nuestro creador, no puede ser de su agrado ver y permitir que utilicemos su nombre para matar a los demás.

Para concluir este sub-apartado, me inclinaría a pensar que, el Lado Oscuro del Mundo Musulmán, es la consecuencia de la manipulación de la fe musulmana para la realización de las ambiciones personales de ciertos individuos o grupos que han descubierto el punto débil de los verdaderos Creyentes de esta religión pacífica, pero que hoy en día algunos consideran como la religión de la Guerra Santa.

3.2. El Futuro de la Política Musulmana.

Si queremos el bien, debemos poner una visión futurista del mundo musulmán sin la intervención de la política. A lo largo de la historia, por culpa de la intervención política y sus perpetradores, en un campo inadaptado y a través de individuos y grupos sin escrúpulos, se ha cometido atrocidades iguales a los registrados en la historia Americana, cuando las políticas europeas, con su fiebre y hambre de conquista, forzaron la cristianización de los indígenas, bajo el pretexto de la maldad de su religión y sus dioses, lo mismo hoy en día se está haciendo con los musulmanes.

Creo que, en vez de un «Futuro de la Política Musulmán», prefiero ver y proyectar a través de un «Futuro del Mundo Musulmán».

Y lo que puedo decir del Futuro del Mundo Musulmán, es que son los verdaderos musulmanes creyentes de la verdad, los que deben darse cuenta de lo que realmente es bueno y aquello que no lo es, y no un grupo de gente perdida en la ignorancia y el fanatismo, fáciles de manipular hasta el grado de solo aceptar lo que piensan que es bueno únicamente para ellos.

el Futuro del Mundo Musulmán se encuentra en manos de los propios musulmanes, ya que cada uno es responsable de su destino, lo único que se puede desear es que este destino sea más pacífico, menos sufrido y sobre todo más libre a nivel emocional e ideológico, para cada uno de los musulmanes. El mundo en que vivimos es bastante grande para todas las creencias religiosas que actualmente existen, y para las que puedan existir, a condición que funcionen respetando la Libertad de Pensar de cada individuo y no utilizar la Fe para manipular a los creyentes.

***

Para concluir, primero voy a empezar analizando el propio intitulado del capítulo de la cuarta conjetura, "La Política del Mundo Musulmán", y mi pregunta sería ¿Qué tiene que ver la palabra política cuando se habla del mundo musulmán, asimilado a una religión? Y haciendo esta pregunta, me doy cuenta de una cosa: que mucha gente es internamente al entorno musulmán, pero externamente aún siguen ignorando lo que es la religión y para qué puede y debe servir.

Creo que, es un error muy grave conjugar religión y política[3]. Y como dice un famoso refrán, debemos aprender de los errores del pasado, pero parece que no aprendemos de estos errores, o lo hacemos de forma muy lenta.

La política del mundo musulmán está teniendo un trayecto lleno de errores, igual de garrafales a los que antaño cometieron los cristianos, creyéndose detentores de la única salvación.

En mi país Guinea Ecuatorial, y de una forma general, en el continente Africano, se está adoptando una mala costumbre que consiste en politizarlo todo. Desarrollando este trabajo, me he dado cuenta de que **los musulmanes y su religión el Islam, se han convertido en un instrumento político, que beneficia tanto a musulmanes como occidentales, todos estos con los mismos objetivos de ambición, poder e influencia.**

Para terminar puedo decir que Dios, que para nosotros en Fang (uno de los 5 Dialectos de Guinea

---

[3] Aunque para muchos filósofos y sociologos sean exactamente lo mismo desde la perspectiva del control social

Ecuatorial) llamamos «ZAMA», que los ancianos de Guinea Ecuatorial consideran «Dios de Israel», pero que también en la Biblia se suele llamar «Iahvé» y que los musulmanes llaman «Alá»; es el mismo para todos, y debemos buscar que cualquiera que sea la religión, y cualquiera que sea el nombre que le demos, siempre tengamos como finalidad pacificar nuestra sociedad y encontrar la manera de que todos podamos cohabitar, aun teniendo diferencias ideológicas, culturales, religiosas o de razas.

CAPÍTULO II: LA QUINTA CONJETURA, LA POLÍTICA EXTERIOR AMERICANA

Si tuviéramos que hablar de la política exterior americana, con detalles y bases sólidas, empezaríamos con su historia, así como de sus primeros contactos con las Naciones Europeas y colonizadoras, pasando por todo el recorrido de lo que ha permitido que a día de hoy, se considere su política exterior como la más influente del mundo.

Pero todo esto, sería simplemente hablar de la historia de la política exterior americana, que es muy diferente del concepto Política Exterior Americana. Salvadora, introvertida, imperialista, humanitaria, pacifista, oportunista…Etc. los conceptos no faltan cuando se pregunta a la gente sobre la política exterior americana o sobre lo que piensan de esta política.

Pero una cosa está clara, a día de hoy la política exterior americana posee otro nombre, Política Internacional. Decirlo suena mal para algunos, o exagerado para otros, pero la política exterior americana es indisociable hoy de la política internacional. No se puede hablar de uno sin el otro.

A día de hoy, no hay un asuntos de política

internacional donde no aparezca el nombre de Estados Unidos de América, sea de forma directa o indirecta. No trato de demostrar ni comparar el hecho de que un país de reciente creación o existencia como la nación americana, haya logrado convertirse en el principal y más influyente actor de la política internacional, a través de su política exterior. Tampoco quiero hacer prevaler las circunstancias internas que han permitido que la política exterior americana sea lo que es hoy en día. Simplemente, lo que quiero demostrar a través de este tema, es que cualquiera que sea la región del mundo, cualquiera que sea el tema a tratar y, cualquiera que sea el sector concerniente; la política exterior americana tiene un papel que jugar, sea de forma directa e indirecta.

Queramos o no, nuestros asuntos internos terminan llegando en la mesa de la política exterior americana, sea a través de una invitación formal o Informal, mediante una obstrucción fundada o infundada, o simplemente por intereses directos o indirectos.

Pero también terminaremos demostrando las percepciones buenas y malas de la política Exterior americana así como las consecuencias de esta política, sean de forma negativa o sean de forma positiva; para terminar concluyendo unas hipótesis sobre el futuro de lo que es, será o podrá ser la política exterior.

Tal vez algunos pensarían que mi intención es calificar a la política exterior americana como la política madre de las políticas exteriores, pero no es el caso. La política Internacional, de forma general existe y seguirá existiendo. Pero al lado de ella y a un nivel idéntico está la política exterior americana, la cual en muchas ocasiones parece tomar más protagonismo sobre la política internacional general, debido a su capacidad a tomar las primeras decisiones, a su capacidad de afrontar las situaciones diversas, incluso cuando estas para muchos no merecen la pena colocarlas en sus agendas, o cuando son colistas de sus agendas exteriores.

Pero no adelantemos conclusiones en nuestra introducción, expuestas algunas de estas hipótesis en este segundo capítulo veremos los siguientes puntos concernientes a esta **Quinta Conjetura de la Política Exterior Americana:** donde analizaremos *la posición de los estados unidos en el mundo,* *contemplando las ventajas de su hegemonía en el mundo, las obligaciones de ser el número uno en un contexto sin ello o con ellos;* en el siguiente punto, **Estados Unidos y los Demás Naciones,** analizaremos su relación con *África y viceversa, su relación con la Unión Europea, con Rusia y viceversa, con Oriente Medio, Asia, América Latina, y Oceanía y viceversa.*

Aunque parezca absurdo y antagónico, poner la Política Exterior Americana como ejemplo de política exterior, me recuerda a una situación que se produjo en mi país hace varios años, cuando en un barrio de la ciudad de Malabo, oriundos de las cinco etnias minoritarias que componen el territorio de la República de Guinea Ecuatorial (Annobones, Bubis, Fang, Bisio, Ndowe), se quejaron de los Fang, etnia mayoritaria.

Les preguntaron:

—*Por qué os quejáis de los Fang.*

Ellos expusieron que, —Los Fang les gusta meterse en los asuntos de los demás, sin que les hayan dado vela en el entierro. Si mi mujer comete adulterio es mi asunto, si mis hijos comen animales prohibidos en Guinea Ecuatorial, es mi asunto; y si yo pego a mis niños en mi casa, es mi asunto...

Y cuando preguntan a los Fang, —Qué pensáis de lo que las demás etnias dicen de vosotros—. Las respuestas de los Fang fueron las siguientes:

—No porque tu mujer ha cometido adulterio, la vas a pegar con un machete. No porque nadie te está viendo, estás obligado a cocinar animales que sabemos que no se deben comer; y al final si tus hijos mueren por comer estos animales, estaremos obligados a asistir en el entierro.

Otros Fang dijeron:

—Yo pego a mis niños cuando se comportan mal, pero no voy a tolerar que tú pegues a tu hijo durante todo el día y le eches de casa.

En General según este ejemplo, el Fang reconoce y tolera los errores que se producen en su casa, pero no quiere tolerar ni aceptar que estos errores se produzcan en las casas de los demás[4].

Tal vez algunas de las preguntas serian **¿Es una obligación intentar asumir por voluntad propia, ser el responsable de los asuntos de los demás? ¿Qué es lo que puede llegar a obligarnos a interesarnos por los asuntos de los demás, a sabiendas de que estos se encuentran a varios miles de kilómetros de nosotros?**

Creo que si intentamos hacernos más preguntas al respecto, seguramente nunca empezaríamos y nunca acabaríamos el desarrollo de esta materia.

***

1. LA POSICIÓN DE LOS ESTADOS UNIDOS EN EL MUNDO

---

[4] Justo lo que muchos consideran la visión norteamericana de su política exterior

En esta vida (sea por voluntad popular, sea de forma voluntaria y a iniciativa propia, sea de forma accidental o por la fuerza), hay posiciones que por su carácter y naturaleza estratégica alguien tienen que ocupar de forma inminente y necesaria. Uno de estos puestos es el de número UNO[5].

Desde hace varios siglos, siempre y en cada periodo, ha habido un número uno, o nación que ostentaba la hegemonía sobre las demás naciones, es decir la Primera Potencia Mundial; y la lista es larga: donde podemos citar por ejemplo, Egipto, Grecia, Siria y babilonia, el imperio romano…etc. A día de hoy, que sea Estados Unidos de América la primera potencia mundial, no es discutible. Que nos guste o no, en el planeta tierra hay una potencia encima de las demás y esta es América.

No vamos a entrar en la historia de la Primera y Segunda Guerra Mundial para relatar como Estados Unidos de América logró prepararse para subir los peldaños del poder absoluto aprovechar la ocasión para colocarse en lo más alto, tampoco vamos entrar en detalles de su carrera política con la Unión Soviética, su gran rival histórico, para saber quién de los dos iba a acabar alcanzando el trono mundial del número uno, o primera potencia.

Pero una cosa esta clara y segura, la disolución de la Unión Soviética fue la proclamación oficial de Estados Unidos de América como primera potencia mundial, y a día de hoy, aunque se puedan citar algunos nombres de países como potenciales rivales, y posibles futuras potencias mundiales, tal vez falten muchos años para hablar de una perdida por parte de Estados Unidos de

---

[5] o primera potencia mundial

América como primera potencia mundial; debido también en gran parte a que ha sabido mantener como aliados a países con una sólida, larga e histórica trayectoria como potencias mundiales, sin olvidar su capacidad a saber bascular entre el aprecio y el odio en un intervalo de días.

De hecho, Hannah ARENDT, en su libro «Karl Marx y la tradición del pensamiento político occidental: Seguido de reflexiones sobre la Revolución húngara (2011)[6]», dice que la política exterior americana traduce la imagen de una estructura estable. Tal vez de estructura estable se refiere Hannah a la forma en que Estados Unidos tiene controlada las diferentes regiones del mundo, desde el interior de sus agendas y desde el exterior, a través de sus bases y aliados.

En el libro «Perón y el Peronismo en el Sistema-Mundo Del Siglo XXI (2008)»; del escritor Miguel Ángel BARRIOS[7], se asocia la hegemonía americana a una realidad más de nuestras vidas. Creo que a través de esta expresión el escritor nos quiere demostrar que estamos obligados a aceptar el rol de Estados Unidos como primera potencia, incluso cuando no nos guste sus decisiones; ya que como primera potencia, nuestros asuntos por menos interesantes que pensemos que son, pueden terminar entrando en la agenda norte americana y tomar otro rumbo.

Un ejemplo de actualidad es el de Mali, un conflicto interno transformado en Golpe de Estado y después, un

---

[6] Ver Hannah ARENDT." Karl Marx y la tradición del pensamiento político occidental: Seguido de reflexiones sobre la Revolución húngara" (2011), Pag.92

[7] Ver Miguel Ángel BARRIOS." perón y el peronismo en el sistema Mundo del siglo XXI."(2008), Pag.206

territorio dividido en dos partes. Al igual que puede pasar en otros países, a América sólo le basta anunciar que enviará 100 soldados y drones, y al igual que Mali, empezaría una escalada de violencia que culminaría siendo un conflicto Americano en su totalidad y no un conflicto interno.

1.1. Las Ventajas de la Hegemonía de los Estados Unidos en el Mundo.

Me acuerdo de las veces que me nombraron delegado de la clase, siendo estudiante de la primaria y del instituto. Pues ocurría lo siguiente:

Se tenía que distribuir bocadillos y vasos de leche en clase, la preocupación de los profesores era que cada estudiante recibiese su bocadillo y su vaso de leche, una vez que se resolvía esa preocupación todo lo que sobraba, de una forma así dicho, era el beneficio del número uno, el líder de la clase, del delegado.

De todo lo que se hacía en clase, el delegado era el primero en saber, el primero en recibir y el que mejor disfrutaba de sus privilegios, porque todo lo que sobraba, cuando todos ya han recibido lo correspondido, era cosa suya.

Tal vez leyendo estos ejemplos digáis que yo era un mal delegado de clase, pero lo dudo[8], ya que las veces que me correspondía ser delegado de clase, mi preocupación era que todos tengan lo que tienen que tener, y que nadie se quede quejando de no haber recibido lo que le correspondía o le debía corresponder.

Pero como se dice aquí en Guinea Ecuatorial, cualquier cargo o responsabilidad tiene sus beneficios y sus ventajas. Y las ventajas de la hegemonía americana son las de cualquiera primera potencia, es decir: el

---

[8] El sujeto-yo-se percibe asi mismo como héroe, benigno y paternalista.... Saquen vuestras conclusiones.

primero en enterrarse, el primero en contactar o ser contactado, el primero en recibir su parte, el que decide sobre los otros a sabiendas de que lo hará intentando conservar un margen de provecho para él mismo, si la ocasión se le presenta; el que todos esperan.

Todo lo recitado sobre las ventajas de la hegemonía americana, no debe ser considerado como imputaciones o acusaciones; ya que como lo he dicho antes, cualquier responsabilidad tiene sus ventajas, las cuales pueden tener dos orientaciones una positiva y otra negativa.

En definitiva, mientras Estados Unidos de América siga siendo la primera potencia mundial, no puede renunciar a las ventajas que van de par con su estatus, las cuales no puede renunciar pues sería como renunciar a su estatus de número uno.

En todo lo que se hace en el mundo, y aunque duela decirlo y suene mal decirlo, Estados Unidos tiene la parte de tarta que le corresponde como primera potencia mundial. Pero cuando se dice, parte de la tarta no significa necesariamente algo material. Hay varios tipos de beneficios en el entorno de la política exterior, los cuales varían según la estrategia o la necesidad con respecto a la situación y las circunstancias.

Por ejemplo en el Libro «¿Qué Es Estados Unidos?(2008)[9]» los autores Rafael Fernández de Castro y Hazel Blackmore, hablan de una ventaja emanada de la política exterior americana, ventaja que creo es debido a su posición como Número Uno. Según los autores, la política exterior Americana puede cambiar de rumbo, de

______

[9] Ver Rafael Fernández de CASTRO y Hazel BLACKMORE. " ¿Qué Es Estados Unidos?" (2008), pag.280

manera repentina y constante, sin que ello condicione sus bases y principios.

Creo que analizando esta frase, nos podemos dar cuenta de que sólo un privilegiado puede cambiar de rumbo de manera repentina y constante, en un entorno delicado y complicado como el de las Relaciones Internacionales; ya que al final ni pide permiso a nadie, ni tiene a alguien que le cuestione.

1.2. Las Desventajas de la Hegemonía de los Estados Unidos en el Mundo.

De la misma forma que ser el número uno tiene sus ventajas, también tiene sus desventajas, cuyas implicaciones suelen ser desastrosas, expuestas y desentrañadas. Complicando la parte correspondiente a nuestros beneficios y sobre todo, a través del disfrute que resulta de estos beneficios recibidos.

Ser número uno, es ser el que se ocupa de los demás o el que los demás esperan en situaciones complicadas; de hecho, muchas de las desventajas de una hegemonía suelen ser resultante de la sobreexposición.

La sobreexposición de los Estados Unidos de América, en los asuntos exteriores que conciernen a priori a los demás países, y las demás regiones, ha terminado dándole una imagen con varios apelativos negativos como: imperialista, Neo colonizador, creador de conflictos…Etc. Apelativos que en muchas ocasiones, si son estudiados en profundidad, encontramos que dan excusas exculpatorias sobre su implicación e inocencia, que muchas veces no logran convencer ni satisfacer a los locales. Un ejemplo práctico es el de la Guerra contra el narco tráfico en Colombia, donde algunos países vecinos de Colombia vieron la intromisión y la presencia americana en sus territorios como una amenaza.

Otra de las desventajas de la hegemonía americana, es el estar obligado a pagar de forma dramática por los asuntos que, mirando en un sentido objetivo, no valen la pena.

Uno de los ejemplos más recientes es la Guerra de Irak, donde después de lograr sacar a Saddam Hussein y su clan del poder, vimos a los iraquíes salir en las calles festejando con los americanos, no tardaron en comenzar poco después a cometer atentados contra sus tropas.

Otro ejemplo más doloroso se ha producido en Libia, donde un embajador perdió su vida injustamente, siendo que los americanos ayudaron a los libios a sacar del poder a Gadafi, quien normalmente la población ya no quería (fueron los propios Libios quienes iniciaron la revolución)

Todos estos dramas dolorosos terminan escamotándose a través de beneficios resultantes de las verdaderas razones de la política Exterior Americana.

1.3. Las Obligaciones de Ser el Numero uno.

Siendo amante del Futbol, y aunque el trabajo no tenga nada que ver con el deporte, no puedo impedirme presentar un ejemplo relacionado con el futbol[10].

Mi equipo de futbol favorito, el Futbol Club Barcelona, a pesar de tener en su grupo a futbolistas de talla mundial, muchos de ellos con capacidad de ser designados elites mundiales, el que sobresale sobre todos Lionel Messi (con cuatro títulos consecutivos de mejor jugador del mundo). Cuando juega al futbol en su club de Barcelona, a pesar de que todos los futbolistas son capaces de marcar y marcar la diferencia, siempre se termina notando que todos esperan de los goles de Messi y de sus iniciativas de ataque, afín de poder ganar los partidos.

---

[10] Aunque mi editor no le guste ese ejemplo...

Si decides ser el número uno, has de asumir y estás obligado a asumir las consecuencias.

Muchas de las veces, en nuestra actualidad del día a día, nos damos cuenta de que Estados Unidos termina pareciendo como si personalizara los conflictos y los asuntos mundiales, y nos hacemos las cuestiones:

¿Qué tiene que ver Estados Unidos con en este asunto, o qué gana Estados Unidos en este conflicto?, ¿Cómo los americanos han acabado metiendo la pata de este modo?

La respuesta es simple, cuando eres el Número Uno, todos esperan de ti; incluso cuando pueden hacer las cosas por sí solos, prefieren esperarte para que decidas por ellos.

El Número Uno tiene que dar la cara y el rumbo decisional, el Número Uno tiene que ser el primero en responder, y el Número Uno tiene que ser sobre todo el ejemplo a seguir.

En el libro «¿Qué es estados Unidos?(2008)», los autores Rafael Fernández de Castro y Hazel Blackmore afirman que:

«El destino de Estados Unidos es preservar la paz y la democracia, aunque para hacerlo tengan que valerse de prácticas antidemocráticas»

Creo personalmente que los dos autores exageran en su afirmación; pero en la práctica cuando vemos las actuaciones de Estados Unidos, terminamos creyendo en lo que dicen. El ejemplo tal vez más recordado es el de la invasión de Irak donde, no existiendo pruebas de armas de destrucciones masivas, se llevó a cabo una guerra que terminó con la captura y ejecución de Saddam; y una promesa de democracia que a día hoy no es visible en este país.

1.4. Un contexto sin y con Estados Unidos como

Número Uno

El pasado se puede comentar porque se ha vivido, el presente se puede contar porque se vive, y del futuro sólo se puede especular o imaginar pues no se ha vivido.

Algunas de las preguntas que siempre me he hecho son:

¿Qué sería el mundo sin Estados Unidos de América como número uno?, ¿qué sería del mundo si la Unión Soviética no se hubiera disuelto? ¿Con Estados Unidos de América como número uno, el mundo está mejor o peor; lo pasa bien o mal?

Las respuestas varían, tal vez según la región o la corriente ideológica o política.

Estoy seguro de que una gran parte del mundo árabe, tendría muy malas observaciones de lo que se puede denominar la era americana. Aunque hay que decirlo sin tapujos, existen varios árabe-americanos, e incluso ya hubo un presidente americano de ascendencia Musulmán y de la religión que algunos separatistas denominan de los Árabes.

En cambio, preguntar a los alemanes que vivieron en la parte comunista del muro de Berlín, sobre qué sería el mundo si la Unión Soviética no se hubiera disuelto… La respuesta de muchos sería un silencio incómodo con lágrimas y sin palabras, lo mismo para algunos de los países que pertenecieron al vasto territorio de la Unión Soviética. Pero también cabe resaltar que muchos son nostálgicos de la era comunista, con sus historias felices.

En cada era, cada uno tiene su historia, con una parte positiva y una parte negativa. Hoy con Estados Unidos como número uno, muchos lo pasan bien debido a que, con el sistema capitalista democrático, cada uno puede tomar sus orientaciones de vida como le agrada; sin estar obligado o sin estar sometido a imposiciones.

Creo que, lo que se denomina la libertad occidental y que a mi parecer simboliza la era americana, tiene sus adeptos en todas las regiones. He vivido en un país árabe como Marruecos, y en este país me he dado cuenta de que la gente vive en dos mundos; un mundo para la sociedad marroquí (cultura, tradición, costumbres… Etc.), y otro mundo donde no hay aspectos relacionados con la sociedad ni integración.

Me han ocurrido varias experiencias al respecto, por ejemplo que algunos compañeros y amigos marroquís después de aceptar mi invitación para comer, una vez llegado en el restaurante, no me permitieron pagar sus platos por vergüenza a que digan que aprovechan a un extranjero. Después de salir del restaurante y llegar en una zona discreta, me dijeron que no tenían nada para el taxi, porque han tenido que pagar la cuenta del restaurante.

De otra experiencia, mientras estaba de visita en la casa de un compañero y amigo, estuvimos con un grupo divirtiéndonos; las compañeras de clase marroquís se me acercaron, me daban besos, se me subían por la espalda, me empujaban… Etc. pero una vez salimos fuera de la casa, la situación cambió radicalmente. Ni siquiera se atrevían a responderme a una simple pregunta, o cuando lo hacían, era con unos aires despectivos, de tipo: *porqué te diriges a mí, en presencia de la gente.*

Con estas historietas, en un contexto americano, pienso que hay gente que disfruta de este mundo libre de elecciones, donde hacemos lo que queremos hacer y nos apetece hacer, y creo que eso caracteriza la era americana.

Pero esto no significa que las demás corrientes políticas o ideológicas sean limitadas, nulas o anticuadas. De la misma forma que hay mujeres que empiezan a elevar la voz en Arabia Saudita, por estar hartas de ser tratadas como gente de segunda categoría; hay también mujeres que disfrutan de la vida que llevan en Arabia Saudita.

En definitiva, creo que con Estados Unidos como número uno, los adeptos del mundo de la libre elección, decisión y opinión, lo pasan bien en sus regiones. Así mismo en las otras regiones, cuya cultura de vida es diferente, también se quejan de la presencia americana.

Creo que sin Estados Unidos como número uno, la situación sería casi idéntica en opinión de algunas naciones, mientras unas lo pasarían bien al tener buenas conexiones con la hipotética nueva potencia, otros estarían llorando por tener divergencias de ideologías y opiniones.

Para zanjar este punto, para cualquiera que sea la primera potencia mundial, una cosa esta clara: unos lo pasarían bien y otros lo pasarían mal; tal vez la diferencia se encontraría en los grupos más marginados.

En el libro «Perón y el Peronismo en el Sistema-Mundo Del Siglo XXI" (2008)», el autor Miguel Ángel BARRIOS[11], en una de sus explicaciones concluye diciendo:

«*El Dominio global estadounidense acabara por desvanecerse*» BARRIOS (2008)

¿El autor tiene razón afirmándolo?, como he dicho en páginas anteriores, que sea Estados Unidos o no, siempre habrá algunos que lo pasen bien y otros mal; mientras tanto debemos vivirlo con Estados Unidos.

---

[11] Ver Miguel Ángel BARRIOS." perón y el peronismo en el sistema Mundo del siglo XXI."(2008), Pag.206

2. ESTADOS UNIDOS Y LOS DEMÁS.

No se puede gobernar solo.

Tampoco se puede llegar a ascender como número uno, si no hay oponentes o adversarios, así como seguidores o aliados; ya que el mundo de las relaciones internacionales es un mundo compuesto por varias regiones. La primera potencia mundial, tiende a establecer su presencia en todas estas regiones o buscar forma de influenciar en los asuntos de todas ellas.

Por estos motivos creo que lo normal, y lo pertinente, es intentar presentar desde dos perspectivas la forma en que cada región percibe más o menos la presencia de los Estados Unidos de América, y sobre todo su política exterior y viceversa. Es decir la forma en que los Estados Unidos de América perciben las regiones con las cuales están obligados a interaccionarse.

Pero antes de iniciar el desarrollo de este apartado, me ha parecido importante mencionar un parágrafo salido del libro «Karl Marx y la tradición del pensamiento político occidental: Seguido de reflexiones sobre la Revolución húngara (2011)», libro publicado por el escritor Hannah Arendt[12].

Según postula:

«La política exterior americana ha consistido en dividir al mundo en tres partes: países comunistas, países Aliados y países Neutrales» (Arendt 2011)

Analizando este parágrafo, nos damos cuenta de que Hannah Arendt intenta dar un aspecto bien controlado a

---

[12] Ver Hannah ARENDT." Karl Marx y la tradición del pensamiento político occidental: Seguido de reflexiones sobre la Revolución húngara" (2011), Pag.92

la política exterior Americana, aunque la estructura parece más recordar la época de dos superpotencias mundiales. Lo que está claro y seguro es que si estados unidos tiene bien controlada la estructura política internacional, es porque sabe separar los diferentes países bajo unos criterios que pueda que son los de Hannah Arendt o simplemente otros criterios pero con la particularidad de que todo el mundo se encuentra establecido en una categorización bien controlada.

2.1.   Estados Unidos y África.

Basta con mirar la estructura estatal americana para darse cuenta de que África tiene una agenda especial, dentro de su política exterior. De hecho, en Estados Unidos hay una Secretaría de Estado exclusivamente para África y sus asuntos.

Por otro lado, cabe resaltar que entre América y África, existe un vínculo histórico debido a la esclavitud y explotación de negros africanos a este País.

Pero si hay algo que tengo claro con certitud; es que aunque Estados Unidos de América no esté tan presente físicamente en África, tampoco la ha dejado lejos, prefiriendo mantener una presencia elíptica, como quien dice «nunca se sabe».

De hecho, en mi país Guinea Ecuatorial, donde casi todas las empresas[13] que explotan el petróleo son americanas (Móvil, Maratón, HESS… Etc.), no se puede hablar de la presencia americana en un sentido presencial; ya que aun estando, prefieren quedarse al margen del todo, pero sin tampoco dejar de realizar grandes ojeadas.

Un ejemplo práctico fue cuando un Avión se accidentó en Malabo; según fuentes, los americanos

---

[13] (95%-98%)

fueron los primeros que lo vieron y alertaron a las autoridades locales, debido a los limitados sistemas de radares en esta época.

En definitiva, creo que para Estados Unidos, África es como esta mujer que desde niña y de forma indirecta la procuras todos los cuidados, con la esperanza de que algún día puedas necesitarla como esposa para ti mismo, o para tu hijo. Una práctica en nuestra tradición Fang en el pasado.

Tal vez el proyecto que pueda permitir una presencia más agresiva de Estados Unidos de América en África, es la creación de Africom (Mando África de Estados Unidos). Pero en un futuro próximo, veremos qué resultados tiene o tendrá esta política de creación de esa Fuerza militar.

En el libro[14] «Terrorismo Internacional en África: La Construcción de una Amenaza en el Sahel" (2009)», lo autores Jesús A. Núñez Villaverde, Balder Hageraats, y Malgorzata Kotomska, afirman que:

«África es uno de los campos de batalla contra el terrorismo, por lo que el pretexto para entrar de forma directa en el juego en África, podría ser la excusa de la guerra contra el terrorismo»

Tal vez los autores tienen razón, como he dicho antes más arriba, hace varios años que Estados Unidos está observando África con postureos y sin intenciones visibles, como quien buscase la fórmula ideal para realizar una penetración impune y sin cuestionamientos.

2.1.1. África y Estados Unidos

---

[14] Ver Jesús A. Núñez Villaverde, Balder Hageraats, y Malgorzata Kotomska." Terrorismo Internacional en África: La Construcción de una Amenaza en el Sahel" (2009), Pag.270

Tal vez leyendo este apartado digáis: —pero si es el mismo título que el anterior. Pero desde un punto de vista analítico conceptual, no es lo mismo.

Cuando digo África y Estados Unidos, me refiero a la percepción de los africanos hacia Estados Unidos de América. Y cuando digo Estados Unidos y África, me refiero a la percepción de los americanos hacia África; pero todo esto desde una perspectiva analítica política.

Los africanos conocen y saben que la primera potencia mundial es Estados Unidos. Pero los vínculos históricos que unen a los africanos con el viejo continente son tan fuertes y presenciales, que a veces parece que en sus agendas no haya un apartado para Estados Unidos.

Pero yo creo que los africanos tienen un aprecio especial a Estados Unidos, debido a su comunidad Africana, la cual procede de diversas regiones del continente.

Tal vez con la materialización del proyecto de AFRICOM[15], se podrá analizar minuciosamente la forma

---

[15] El Mando África de Estados Unidos (USAFRICOM o AFRICOM), es un Mando Combatiente Unificado del Departamento de Defensa de Estados Unidos, responsable de las operaciones militares de Estados Unidos en relación con las 53 naciones africanas (excepto Egipto). Se estableció el 1 de octubre de 2007 como una unidad temporalmente adscrita al mando unificado de Estados Unidos en Europa, fue totalmente autónoma y operativo, el 30 de septiembre de 2008. Su sede está en Stuttgart, (Alemania); y la Base Naval de Rota en España. Desde 2022 su comandante es el general Michael Langley.
Antes de 2008 , las actividades militares de Estados Unidos en África estaban compartidas entre USEUCOM , USCENCOM y USPACOM .
Creación 30 juillet 2008
Pais: Estados Unidos.
Organismo de juramento: Departamento de Defensa de estados unidos.

en que los africanos perciben la hegemonía americana y sobre todo su presencia e implicación en sus asuntos internos.

Mientras tanto, se puede decir que África y Estados Unidos comparten un dolor pasado e histórico, el cual hace que para los africanos, Estados Unidos es más una parte de ellos, desde el punto de vista cultural, que una potencia mundial con aspiraciones y ambiciones políticas de expansión, dominio y búsqueda de recursos económicos[16].

Pero es de vital importancia recordar que esta visión de los africanos hacia Estados Unidos, tal vez la comparta una parte de África (Este, Oeste, Central, Sur).

2.2. Estados Unidos y la Unión Europea

Hay expresiones que al utilizarlas podrían crear enormes polémicas, pero cuando se debe decir las cosas hay que decirlas; y una de las cosas que hay que decir es que, si se pudiera hablar del brazo derecho en la etapa de hegemonía mundial de Estados Unidos, creo que esa sería la Unión Europea.

Pero también creo que sería mejor utilizar la expresión «amistad» para referirse a la relación entre Estados Unidos y la Unión Europea, aunque es la palabra aliado

---

Rôl: Comando unificado
Efectivo: 400 al inicio
Actualmente: 3 600
Base provisional: Stuttgart (Alemania)
Nombre: Africom
Commandante en jefe: Général Michael Langley
[16] La presencia de una embajada en guinea cuando se descubre petróleo, inclinaría a la opinión pública sobre que solo sea una potencia mundial explotadora, aunque muchos esperan que no lo sea.

la que sobresale.

Todo el mundo necesita tener una persona de confianza, una persona que pueda cubrirle las espaldas en la oscuridad, una persona que pueda informarle las cosas que se le escapan, una persona que le pueda echar una mano sin pensarlo dos veces... Etc. Y para Estados Unidos de América, esta persona es la Unión Europea.

Los gobiernos americanos se suceden entre republicanos y demócratas, pero si hay algo que todos privilegian de igual manera sin diferencia, yo creo que es la relación con su más grande colaborador y de confianza que es la Unión Europea.

Tal vez sin la Unión Europea, la posición de Estados Unidos en el mundo no sería lo mismo.

En definitiva, creo que Estados Unidos considera a la Unión Europea como uno de las llaves que mantienen su política exterior en la cúspide mundial, y por nada permitiría ver a esta última línea de defensa en una situación comprometida.

Situación que obliga, según mi punto de vista, a que el principal tema de la agenda exterior de los Estados Unidos sea la relación con la Unión Europea, aunque disimulen esta prioridad.

Pero tal vez una expresión salida del libro del autor Miguel Ángel BARRIOS[17] «Perón y el Peronismo en el Sistema-Mundo Del Siglo XXI (2008)», podría exprimir el grado de colaboración de Estados Unidos y la Unión Europea.

Según el autor: «en el fondo Estados Unidos

---

[17] Ver Miguel Ángel BARRIOS." perón y el peronismo en el sistema Mundo del siglo XXI."(2008), Pag.206

ambiciona un mundo liderado por occidente»
(BARRIOS, 2008)

Aunque creo que esta confirmación es muy polémica y podría tener una percepción negativa, tanto en algunas regiones como Oriente Medio, como en los países con ideologías políticas comunistas y Socialistas.

2.2.1. La Unión Europea y Estados Unidos

Hay un dicho popular que reza« todo el mundo tiene una madre», y creo que Estados Unidos no puede ser la excepción.

Por su pasado colonial histórico, por algunos de los países componentes de la Unión Europea y sobre todo, por las grandes migraciones pasadas de los europeos hacia Estados Unidos de América; creo que se puede considerar a la Unión Europea como la madre de Estados Unidos de América, Aunque tal vez un país en general podría reivindicar dicho título.

Durante la época colonial del continente Europeo en el mundo, se puede decir que casi ninguna región del mundo quedó ilesa. Y si no, que se lo pregunten a Estados Unidos con la presencia de Inglaterra, Francia y España en estas tierras, arrancadas de sus pobladores nativos.

Creo que la Unión Europea a su vez, debe considerar a Estados Unidos como una parte de su existencia, debido al vínculo colonial, el cual hoy en día tiene como principales recuerdos y referencias visibles, el idioma inglés. El cual comparte con las demás antiguas colonias Inglesas.

El núcleo central de países que componen la Unión Europea, algunos de los cuales como Inglaterra, Francia, España, Portugal…, se siguen considerando como países del primer mundo, siguen siendo de vital importancia para la política exterior americana, ya que han dejado solidas raíces en sus antiguas colonias. Y estos a su vez, gracias a estas solidas raíces coloniales, reciben de Estados Unidos la confianza necesaria para contar con ellos en sus planes.

El mundo ha evolucionado y sigue evolucionando, aunque en algunas regiones de la tierra, dicha evolución apenas logra avanzar por los conflictos militares o por divergencias políticas internas. Algunas antiguas colonias como Brasil y Sudáfrica, han evolucionado y son hoy en día grandes países desarrollados. Otros siguiendo esta senda, están haciendo lo necesario para alcanzar también dicha evolución.

Ante estos adelantos, Europa pierde cada vez más influencia sobre sus antiguas colonias; razón por la cual, la Unión Europea está obligada a compaginar su agenda exterior con Estados Unidos de América, para poder seguir estando en la actualidad de la política mundial, y sobre todo para continuar siendo vistos por sus antiguas colonias como grandes potencias.

Primero vivimos de nuestros padres, pero llega un momento en la vida en que nuestros padres terminan dependiendo de nosotros. Esa es la situación en la que se encuentra actualmente la Unión Europea, es decir para que sigan siendo considerados como grandes potencias, los países de la Unión Europea dependen de Estados Unidos, y están obligados a unir sus estrategias políticas con esta antigua colonia inglesa que se ha convertido en la primera potencia mundial.

2.3.   Estados Unidos y Rusia.

Para ser grandes, uno ha de tener un rival, un adversario y un concurrente fuerte y antagónico. Me gusta poner ejemplos de futbol porque es el deporte rey en mi país, donde tenemos dos grandes rivales históricos en la capital, que son el Sony de Ela Nguema y el Atlético de Malabo. Cuando estos dos equipos juegan, casi la capital se divide en dos partes, o eres Amarillo (del Sony) o eres Azul (del Atlético).

A nivel de selecciones mundiales podemos citar a Brasil y Argentina en América Latina, o el Futbol Club Barcelona y Real Madrid, dos equipos de futbol de España cuyos partidos de futbol están considerados como el Derby más famoso y seguido del mundo.

En lo que concierne a nuestro punto entre Estados Unidos y Rusia, creo que después de la Segunda Guerra Mundial, las dos cabezas visibles que buscaban asumir el papel de primera potencia mundial eran Estados Unidos y la Unión de Repúblicas socialistas soviéticas o URSS. Después de varios años de concurrencia, incluso llegando a la etapa que se denominó Guerra Fría, Estados Unidos terminó, si hay que decirlo así, ganando esta batalla por el liderazgo mundial con la disolución de la URSS.

Después de la URSS, estados Unidos quedó como la potencia número uno; y lo que queda de la URSS se pasó a denominar Rusia, aunque no tenía las dimensiones territoriales de la URSS, hay que decir que sigue siendo una de las tres potencias mundiales a la hora de rivalizar con EEUU y lidiar contra sus diferencias políticas.

Por lo que, Estados Unidos, por muy líder que sea sigue considerando a Rusia como su adversario más considerable, y no solo desde el punto de vista militar sino también en lo político e influencia mundial, aunque ese último, desde hace varios años tiene una política exterior un poco más pasiva.

En definitiva, vaya donde vaya Estados Unidos, haga lo que haga, siempre tiene una gran ojeada sobre Rusia

como quien dice: el viejo rival puede despertar de su sueño y entrar de nuevo en el rodeo, por el control; y como dicen los autores Lawrence Taub y Maxwell Lurla[18] en su libro «Imperativo Espiritual (2008)»
«Estados Unidos y Rusia tienen una mentalidad de superpotencias»

Afirmación que comparto, la idea de los dos autores desde una perspectiva de capacidad, se inclina a que todo el mundo puede llegar arriba, pero pocos consiguen mantenerse en lo más alto. Y por mucho que digan que Rusia no tiene nada que ver con la URSS, yo creo que Rusia ha conservado lo esencial de la URSS, y es la mentalidad de superpotencia, la cual le hace parecerse a Estados Unidos de América en muchos sentidos.

2.3.1. Rusia y Estados Unidos

No se olvida fácilmente a un rival histórico.

Hay rumores que dicen que una parte de los misiles intercontinentales rusos, miran a Estados Unidos como su principal amenaza.

Creo que Rusia ya aceptó la derrota por la posición del número uno mundial, pero pena reconocer la superioridad de Estados Unidos, de hecho, hemos visto y estamos viendo el conflicto Sirio, donde Rusia se opone a una intervención extranjera simplemente como para demostrar que también puede dar su punto de vista.

Ante la política exterior americana, Rusia parece estar siempre detrás de una oportunidad o en la búsqueda de un hueco, donde pueda surgir una situación de

---

[18] Ver <u>Lawrence Taub</u> y Maxwell Luria . "Imperativo Espiritual" (2008), Pág. 151

divergencia con Estados Unidos y poder demostrar al mundo entero que puede decir un No, u oponerse abiertamente a Estados Unidos.

En definitiva, Rusia necesita y está buscando formas de demostrarle que aún existe en el entorno internacional, mientras que la política exterior americana ya se encuentra consolidada y tiene bien controlado las diferentes regiones del mundo.

2.4.   Estados Unidos y Oriente Medio

Si existe una región que en los últimos años su gente clama abiertamente que «la gente está harta de la política exterior americana», tal vez sería Oriente medio.

Uno de los principales recursos naturales o el principal recursos natural imprescindible para el funcionamiento de las sociedades del siglo XX y XXI es el petróleo; y no hay muchos sitios en la tierra para encontrar grandes reservas de petróleo como en Oriente Medio.

Muchos afirman que si Estados Unidos mantiene su presencia en Oriente Medio, es debido a las grandes reservas de petróleo que disponen algunos países de esta región, los cuales necesita esta para su inmenso territorio. Pero hay un refrán francés que dice *«trop c'est trop»* es decir, demasiado es demasiado.

La política exterior Americana con oriente medio ha terminado convirtiéndose en algo que se puede asemejar a una obsesión, más que a una búsqueda de intereses. Si hay una región donde sin duda se puede afirmar que una inmensa parte de la población parece vivir un malestar agudo con la política exterior americana ese es Oriente medio.

Todo lo que es demasiado, termina cansando, y creo que Oriente Medio está empezando a cansarse. La política exterior americana en Oriente Medio, ha terminado creando una situación que se puede traducir de choque cultural, entre las culturas occidentales y orientales.

Lo malo de este choque cultural es que, hoy en día se ha creado una corriente expresiva en Oriente Medio que para exprimirse utiliza la religión y como arma el terrorismo; esta corriente expresiva es el islamismo radical.

El islamismo radical, es la corriente expresiva creada por una parte de la sociedad oriental para enfrentarse a la política exterior de la verdugo y poderosa primera potencia mundial, Estados Unidos así como a sus aliados.

La política exterior Americana en Oriente Medio ha terminado trayendo a este país la inquietud y la desconfianza de toda una región y en especial a la religión Islam. Y la gota que colma el vaso ha sido los atentados del Once de septiembre de 2001, donde varios inocentes acabaron perdiendo la vida, en respuesta del islamismo radical hacia lo que consideran como una invasión americana.

El escritor Samir AMIR[19], en su libro «El imperio del caos: la nueva mundialización capitalista (2008)», dice que *«Estados Unidos eligió deliberadamente a Oriente Medio como objetivo de sus primeras acciones disuasorias destinadas a fijar un control militar del planeta»*

Tal vez el escritor tenga razón en su afirmación, ya que como he dicho antes arriba, «trop c 'est trop». Si Estados Unidos insiste en mantener su control en esta

---

[19] Ver Samir AMIR. "el imperio del caos: la nueva mundialización capitalista" (2008), pág. 17

región, habría que plantearse si hay algo más que la aparente búsqueda de intereses.

2.4.1. Oriente Medio y Estados Unidos.

Aunque parezca mentira, no todo lo que procede de Oriente Medio se puede considerar como hostil a la política exterior americana.

Mientras los islamistas ganan adeptos entre una parte de la población, escamotando sus intenciones detrás de la religión afín de poder enfrentarse a la potencia americana, algunos gobiernos y monarcas de Oriente Medio están por el otro lado, haciendo todo lo posible para no perder terreno frente a esta amenaza interna, la cual en caso de tener el control, dejaría sus países en situaciones muy difíciles de vivir y sobre todo les haría perder sus posiciones.

Incluso algunos países de Oriente Medio como Irán, que siempre demostró de forma abierta actitudes hostiles a la política exterior americana, tienen una actitud vigilante hacia el islamismo radical y su arma el terrorismo.

En definitiva, los gobiernos y monarcas de Oriente Medio son conscientes de la amenaza que representa para ellos el islamismo radical, el cual tiene adeptos dentro de sus propias estructuras internas; razón por la cual no pueden pronunciarse hostil a la presencia americana, y sobre todo a la política exterior de este país. La cual tiene doble función: protección de los intereses americanos y así de las posiciones de los gobiernos y monarcas de los países de Oriente Medio.

2.5. Estados Unidos y Asia.

Como primera potencia mundial, Estados Unidos a parte de Oriente Medio también tiene su presencia en el resto del continente Asiático, donde se encuentran sus dos principales aliados que son Japón y Corea del Sur.

Cabe resaltar que estos dos aliados, son vecinos de dos países, China y Corea del Norte, con un sistema comunista interno (Corriente mediante la cual Estados Unidos y su sistema capitalista han estado en competencia con la URSS).

Se dice que nunca hay que decepcionar a los amigos, el mismo principio es aplicable en la política exterior donde los aliados tienen una prioridad especial en las agendas exteriores; motivo por el cual, en la política exterior americana en Asia, hay un apartado especial dedicado a Correa del Norte y su proyecto nuclear. El cual amenaza en primera persona a Corea del Sur y después a Japón, los dos aliados de Estados Unidos.

Pero la mayor amenaza que tal vez debería considerar Estados Unidos de América es posiblemente China, país que algunos expertos consideran como el principal rival de Estados Unidos para ocupar la primera plaza de potencia mundial en la actualidad, debido a su abierta y atrevida estrategia comercial mundial, la cual está invadiendo todos los mercados del planeta, con productos a precio incongruente; aunque hay que decirlo, el mundo de las relaciones internacionales es muy complejo y trabajado para ser controlado simplemente a través del comercio.

En definitiva, Estados Unidos tiene bien trabajado su política exterior asiática de una forma que ni China y su comercio, ni corea del Norte y sus proyectos nucleares, representan una amenaza clara como para poder obstaculizarla; tal vez sea el amor por sus aliados su única debilidad.

2.5.1. Asia y Estados Unidos.
Desde hace varios años, estados Unidos se encuentra

bien implantado políticamente en Asia, donde durante la época soviética tuvo que buscar formas de bloquear la amenaza comunista.

Desde el fin de la potencia comunista, los países asiáticos viven conscientes de la política exterior americana y sobre todo, de su superioridad. Pero a diferencia por ejemplo de Oriente Medio, esa política no parece ser una amenaza ni para sus poblaciones, ni para sus gobiernos. Aunque algunos nostálgicos del comunismo siguen resistiendo y viéndola como una amenaza.

En definitiva, una parte de Asia parece haberse acostumbrado a la política exterior americana, con una interpretación como los que dicen *«de todas formas no tenemos nada que resulte una amenaza para ellos, y ellos no tienen nada que les interese aquí»*. Tal vez el único punto donde la política exterior americana debería centrar más su atención en Asia, es en la política islamista de ganar adeptos y terreno para poder lanzar ataques terroristas.

2.6. Estados Unidos y América Latina.

Desgraciadamente en el lenguaje común y corriente, cuando se dice América, se refiere normalmente a Estados Unidos de América; pero en realidad, y aunque no es de actualidad repetirlo, América es un continente dividido en tres partes:

Norte para América del Norte, Central para América Central, y Sur para América del Sur.

Aparte de Cuba en la época de la Unión Soviética, Estados Unidos no ha vuelto a tener un país de su continente el cual tenga que dejarle en una situación incómoda a un límite extremo (la crisis de los misiles).

Aunque Venezuela se haga pasar por un duro oponente, creo que no significa en realidad una amenaza seria para Estados Unidos. De hecho y como lo dejan claro los autores Jaime ESTAY REYNO y Orlando CAPUTO en su libro «La inserción de América Latina en la economía internacional (2008)»

«Venezuela es el primer abastecedor de Estados Unidos»

Creo que con esta corta afirmación de los dos escritores, no tengo que refutar lo que se puede denominar como juego político entre Estados Unidos y Venezuela.

En definitiva, la política exterior de estados unidos en América Latina se puede asimilar a la actitud de un hermano mayor rodeado de hermanitos con caracteres y actitudes diferentes. Algunos países aceptan su política, otros la rechazan completamente; y los demás la observan con indiferencia. Y este intenta cohabitar con todos asumiendo sus diferencias y sin reaccionar a ellas, en una estrategia política llena de mucha táctica diplomática.

Los escritores Jaime ESTAY REYNO y Orlando CAPUTO en el libro «La inserción de América Latina en la economía internacional (2008)[20]», afirman que *América Latina es el principal proveedor de petróleo de Estados Unidos.*

Creo que con esta frase, en la política exterior de Estados Unidos en American Latina se debe incluir la palabra prudencia.

2.6.1. América Latina y Estados Unidos

A día de hoy, resulta casi imposible seguir la actualidad del continente Americano sin que tengamos

---

[20] Ver Jaime ESTAY REYNO y Orlando CAPUTO." La inserción de América Latina en la economía internacional" (2008), pág.163

que pasar un buen rato de risa con las críticas de Hugo CHAVEZ (ideología socialista), presidente de Venezuela hacia Estados Unidos de América.

Uno de los ejemplos más recordados se produjo en la sede de las Naciones Unidas, cuando el presidente CHAVEZ llamó al presidente Americano George W. BHUS diablo, refiriéndose a su presencia en la misma estrada.

Al lado de Hugo CHAVEZ se ha sumado Evo MORALES, presidente de Bolivia, para lanzar ataques contra Estados Unidos.

Pero hay un refrán que dice que los hermanos más pequeños, no suelen tener miedo al hermano mayor. Por lo que, estos ataques se considerarían desde esta perspectiva, y no se tendría que tomar como serias amenazas.

En término de amenaza, aparte de Cuba y Venezuela: países con gobiernos con una seria ideología socialista, el resto de países de América no tienen gran cosa que representar en la política exterior americana. Al contrario, sus gobiernos están obligados a mantener buenas relaciones con el Gran Hermano y poderoso aliado, con el fin de mantener el equilibrio social pacifico de todo el continente.

En definitiva, América es un continente estratégico para la política exterior de Estados Unidos, por lo que la percepción de los demás países del continente hacia Estados Unidos y su política exterior debe ser positiva. Aunque no sea exprimido de forma abierta, los países del continente Americano son conscientes de ello y tienen recuerdos vivos de la Doctrina Monroe.

La participación de americanos de origen hispano en el gobierno de Barack OBAMA, fue una forma de incrementar más la confianza de toda esta comunidad latina que habita el continente Americano; y sobre todo una forma de demostrar a los países de América Latina que son lo mismo, o una parte integral de él.

2.7.   Estados Unidos y Oceanía

Desde la época de la Segunda Guerra mundial, Oceanía ya fue una zona o región estratégica para los americanos, sobre todo durante las Batallas contra los Japoneses. Por lo que la política exterior americana hacia Oceanía, sigue siendo la de tener bien implantadas las bases de control, a sabiendas de que las amenazas tienen muchas rutas y pueden surgir desde cualquiera parte.

2.7.1. Oceanía y Estados Unidos.

Sin intención de querer minimizar una región, diría que tal vez la región del mundo que menos actualidad internacional genera en los grandes canales de noticias, es Oceanía. Pero esto no significa que en esta región, de nuestro planeta, no haya países con participación en el contexto internacional. De hecho Australia, el país más conocido de Oceanía, participó en la Segunda Guerra mundial.

Ya que Australia, el país más conocido, más influente y más grande de Oceanía, es una antigua colonia de Inglaterra (súper aliado de Estados Unidos); diría que la política exterior americana en esta región debe, a priori, gozar de una muy buena percepción.

***

Esta conclusión no debe ser considerada como la parte final de una alabanza a la política exterior americana, tampoco quiero que leyendo ciertos parágrafos se tergiversen como manifestaciones expresivas de Odio. Lo que quiero a través de esta conclusión es simplemente, demostrar que la política exterior americana tiene una existencia real con un impacto mundial en los asuntos de casi todos los países de los diferentes continentes de nuestro planeta.

No se puede ser el número uno e ignorar los asuntos y conflictos que nos rodean.

Por lo que representa y por lo que simboliza, Estados Unidos de América y su política exterior, ya forman parte de nuestras vidas cotidianas. De hecho, hay un refrán que reza que *«antes de ser atacado por dentro, más vale lanzarse al exterior para ver desde fuera quien quiere entrar para hacerte daño o para atacarte»*

Tampoco los diferentes países de nuestro planeta, deben ignorar la superioridad de la política exterior de Estados Unidos de América; por lo que, están en la necesidad de colaborar con él para mantener un cierto equilibrio de cooperación, el cual a la vez mantiene a la política americana en la cúspide, y permite a los diferentes países constituir unas estructuras políticas de cooperaciones que funcionan bajo la base de una política de referencia.

CAPÍTULO III: LA SEXTA CONJETURA, NACIONES UNIDAS Y LA SEGURIDAD GLOBAL

Símbolo de una visión común entre diferentes estados, y surgida por una situación global horrífica, que vio reducida a escombros a varios estados de los diferentes continentes de nuestro planeta; todos participaron en una guerra sin precedencia, que cobra as vidas de más de 50 millones personas. Esta visión común tendría el cometido de no volver a revivir un escenario parecido a la Segunda Guerra Mundial.

La Organización de las Naciones Unidas, comúnmente llamada en español ONU o con las siglas en Ingles UN, simboliza hoy en día la mayor alianza global entre los gobiernos de todos los Estados del mundo. Entre sus principales temas de debate está siempre presente la Seguridad Global.

El organismo de las Naciones Unidas que se ocupa de los aspectos relativos a la seguridad global, es el Consejo de Seguridad de las Naciones Unidas; Órgano encargado de mantener la paz y la seguridad entre los Estados.

Debido a la complexidad de temas a tratar por el Consejo de Seguridad, es un órgano que en ocasiones se ve en la obligación de tomar decisiones, y con imperativo constreñir al o a los Estados miembros concernientes, a cumplir las decisiones tomadas.

Todo esto utilizando como soporte, las estipulaciones de las Naciones Unidas; de hecho es una, o la principal característica que diferencia el Consejo de Seguridad, de los otros órganos de las Naciones Unidas.

El Consejo de Seguridad de las Naciones Unidas está formado por quince miembros, de los cuales cinco son permanentes y diez temporales.

Durante el tiempo que precedió el final de la Segunda Guerra Mundial, el principal miedo para la Seguridad Global, tal vez fue la posibilidad de producirse una Tercera Guerra Mundial, situación que se agravó con la llegada de la era nuclear y la posibilidad de producirse una Guerra Nuclear entre los países poseedores de dicho armamento. Pero a lo largo de los años, nuevas amenazas para la seguridad global han ido surgiendo, hasta convertirse en prioritarias o igualitarias frente a un conflicto bélico mundial o nuclear entre naciones.

Gracias a las Naciones Unidas y a su órgano central, que se ocupa de los asuntos relativos a la Seguridad Global (Consejo de Seguridad de las Naciones Unidas); la humanidad intenta, de una forma más clara y prioritaria, definir las amenazas consideradas como de actualidad; es decir, las que la población mundial está sufriendo, así como las amenazas globales que sin haber llegado, ya se prevén en el futuro.

Pero en funciones de varios aspectos, que pueden ir de económicos, sociales, culturales… Etc. cada nación, cada región y cada parte del mundo, puede reclamar ser objeto de una amenaza globalizada especifica.

Por lo que, el Consejo de Seguridad de las Naciones Unidas, a través del tema de la Seguridad Global, se encuentra ante una situación donde un aspecto relativo a cualquiera de los organismo de las naciones, pueden por motivos varios, alcanzar dimensiones amenazantes de forma globalizada; y poner en peligro el equilibrio planetario, a través de impactos representativos de varias formas.

En este último capítulo que hemos llamado ONU y Seguridad Global, que corresponde a La Sexta Conjetura de las Relaciones Internacionales, analizaremos aspectos como las *amenazas para la Seguridad Global*, los *principales actores del Sistema de Seguridad Global*, el *rol de las Naciones Unidas ante los principales actores del Sistema Internacional hacia la Seguridad Global*, la *situación de la Seguridad Global*, y por supuesto finalizaremos conociendo *las acciones de la institución subregional ante la Seguridad Global.*

***

1. AMENAZAS PARA LA SEGURIDAD GLOBAL

Hoy en día, coges a varias categorías sociales de individuos africanos (empresarios, comerciantes, autoridades del gobierno, militares simples y oficiales, curas, médicos…Etc.), y les hacéis algunas preguntas como:

Para ustedes, ¿Qué piensan que son las amenazas globales? O ¿podéis citarme las amenazas globales?

Las respuestas serán muy diferentes o totalmente opuestas a lo que puedan ofrecer ciudadanos de diferentes categorías sociales de un continente como Europa o América del Norte, de América del Sur, de

77

Asia o de Australia.

Aunque las Naciones Unidas intentan siempre listar, con la participación de sus expertos y de algunas ONG, lo que pueden ser las principales amenazas globales contemporáneas para la humanidad; yo pienso que las principales amenazas globales para la humanidad, son las inminentes amenazas territoriales que tienen o que, pueden tener los individuos de un espacio geográfico determinado.

Estas inminentes amenazas territoriales, pueden volver a subdividirse en varias subdivisiones, según la categoría social de un individuo y según que su país sea desarrollado, emergente o subdesarrollado.

Pero dentro de la categorización de los estados, las amenazas inminentes territoriales pueden tener prioridades según el contexto social y económico de una nación.

Mientras los individuos de un país subdesarrollado africano como Guinea Ecuatorial (había grandes proyectos en el gobierno con una visión concluyente en el año 2020), tienen entre sus prioridades y miedos, no ganar lo suficiente dinero en el puesto de trabajo de una empresa o institución en que está trabajando, de forma que pueda además de ahorrar en su cuenta bancaria, poder realizar sus necesidades; en un país subdesarrollado como Camerún hay muchos individuos que en el momento de cobrar se preguntan qué es lo que le quedará después de realizar los gastos de fin del mes y pagar las deudas que, a lo largo del mes, ha contraído después de tener ciertas necesidades.

Tal vez en otro país como marruecos, hay individuos que se preguntan después de depositar 50 CV en varias empresas con un licenciado y, la única oferta positiva (en el caso de haberla tenido) ha sido un salario que cubre tal vez solo los 15 o 20 días del mes, ¿qué será de mi futuro?, ¿seguiré viviendo con mis padres o parientes?

Me inclinaría a pensar:

- El cambio climático tiene efectos globalizantes en todos los países, sin distinción de que sea un país desarrollado o subdesarrollado.

- El arsenal nuclear de ciertos países es demasiado numeroso hasta el punto en el que la humanidad entera corra un peligro, y enorme riesgo cada día que amanece.

- El terrorismo y su adaptabilidad a nuestra sociedad contemporánea, así como su imprevisibilidad, es una fuerte fuente segura de inquietud, no solo en los países donde se ha manifestado sino también en cualquier país con una cultura y mentalidad occidental que sea desarrollado (Estados Unidos, España, Inglaterra… Etc.), o subdesarrollado (Kenia, marruecos, zimbabue… Etc.) Todo eso sin olvidar que el terrorismo está también presente y se sufre en los países árabes.

- También pienso que las capas sociales más débiles, como los niños y las mujeres, son objeto de abusos (violaciones, maltratos, explotacion… Etc.) en varios países del mundo, para no decir todos, y en especial en los países considerados como subdesarrollados.

Pero todas estas causas mencionadas, se viven diariamente en varias partes del mundo; son solo una parte del miedo de la humanidad, del miedo de los hombres hacia su mundo.

Mientras, tal vez, un cierto Barack Obama piensa en ganar las elecciones presidenciales y seguir manteniendo a Estados Unidos como la primera potencia del mundo y, sin olvidar su política de control y dominio en la política mundial; otra persona, tal vez piensa en conseguir un trabajo, poder sacar a sus familiares de la miseria o fundar su propia familia. O si cogemos un ejemplo en otra persona como, por ejemplo, Teodomiro Monsuy Eyí, que amanece cada día pensando: acaso de aquí a dos años mi nombre estará acompañado del título Doctor…

Todas estas suposiciones tienen como finalidad poder demostrar que en el mundo hay amenazas globales capaces de hacer desaparecer la existencia de todos los seres vivos de nuestro planeta, capaces de extinguir el mundo tal como lo conocemos en el siglo XXI. Pero, muchas veces son prioritarias algunas visiones políticas (añadiendo aspectos sociales y económicos), en función de las ambiciones de los países e instituciones.

Mi país Guinea Ecuatorial por ejemplo, lleva desde hace 33 años con una estabilidad política, con un solo y mismo presidente, lo que le ha llevado a conseguir un fuerte crecimiento económico, un desarrollo de infraestructuras y tuvo un proyecto de conversión en un Estado emergente el año 2020.

Pero el verdadero miedo del país (si fuera una entidad viviente y racional) tal vez sería: en caso de que el presidente caiga gravemente enfermo o llegase a desaparecer, ¿cuál sería la situación en el país?… ¿un caos o en cambio una continua estabilidad política y de paz? Pues ante estas preguntas y, reflexionándolas, la amenaza terrorista no tendría prioridad frente a la muerte de un líder fuerte; el calentamiento climático no sería objeto de debate importante, ante la falta de líder que representaba la estabilidad del país, frente al caos… eso sería en el contexto de la política de mi país.

Las principales amenazas globales para la humanidad consideradas en las Naciones Unidas, no lo son para todas las personas; si miramos la verdadera situación de cada país, no ocuparan el puesto ni nivel de prioritarias, por muy dañinas y globalizantes que sean sus efectos. Si ahora mismo todos los países del mundo, se pusieran a combatir las diez principales amenazas consideradas como prioritarias en el mundo por las instituciones internacionales y las grandes potencias, el mundo terminaría llegando a situaciones muy desequilibradas y caóticas. Porque nos daríamos cuenta de que cada país, en realidad, tiene sus amenazas prioritarias.

Las consecuencias de una aceptación parcial de lo que son las verdaderas amenazas Globales de regiones determinadas conlleva a situaciones de esfuerzos repetitivos sin soluciones definitivas.

Un ejemplo práctico de esta situación se puede observar en las regiones con países conflictivos, donde la población se ve en la obligación de desplazarse para vivir en los campos de refugiados.

Pues se pueden pasar decenas de años abasteciendo a la población de los campos de refugiados con víveres de primera necesidad, para que no sufran malnutrición o epidemias típicas de su situación; nunca se saldrá de la situación conflictiva si no se descubre la procedencia de la verdadera causa originaria del mal que sufren los desplazados, que siempre viene de los gobernantes y líderes políticos, al ser estos incapaces de llegar a un consensuo positivo y viable para poder mantener la paz.

Javier SOLANA y Daniel INNERARITY (2011) en su obra *«Las Amenazas Globales: Gobernar los Riesgos Globales»,* afirman que:

«Los riesgos globales son uno de los problemas centrales de la humanidad: desde el 11 de septiembre, habíamos adquirido una

Si nos basamos en la teoría de SOLANA E INNERARITY (2011), el nuevo despertar del mundo se produjo una vez producidos los acontecimientos del 11 de septiembre del 2001.

Desde un punto de vista crítico, pero con buena intención, se puede decir que después del fin de la era de las dos superpotencias mundiales; la política mundial se quedó en una era de conformismo, basado en un funcionamiento dependiente de la política internacional americana. De hecho, una vez atacado el núcleo central de la política mundial, el mundo entero se ha despertado: sea de forma positiva, es decir descubrir la existencia de una nueva guerra que existía, pero que hasta ahora se pensaba incapaz de alcanzar de formar brutal las grandes potencias y las sociedades ultra desarrolladas. Sin olvidar que el enemigo puede estar dentro y no fuera.

¿Sería entonces una crítica negativa decir que con el 11-S, la gente se dio cuenta de que la única superpotencia mundial no era inalcanzable o intocable como se pensaba?

También SOLANA E INNERARITY nos hablan de lo que consideran como «Riesgos difíciles de controlar», según los dos autores *«Muchos de nuestros malestares se deben a lo expuesto que estamos frente a las amenazas que solo podemos controlar parcialmente».*

En cierto sentido, estoy de acuerdo con la teoría de los dos autores, ya que como ellos lo dicen: vivimos en un mundo de mutua dependencia y sobre todo muy expuesto. Lo que hace que, según mi opinión personal, olvidamos nuestros problemas y nos centramos en los asuntos de los demás o de terceros.

De ahí que comparta la opinión con los dos autores sobre lo que ellos califican como *«El lado oscuro de la*

Globalización».

Se puede pues concluir que, las nuevas políticas de estrategias mundiales establecidas por los Estados Unidos así como los países aliados contra las amenazas globales, tienen su origen, nacimiento y proceso de encadenamiento a partir del 11-S.

Otros varios escritores centran su malestar, por una parte, a la globalización. Entre ellos: RICO y REYGADAS.

RICO y REYGADAS (2000) en su libro «Globalización Económica y Distrito Federal: estrategias desde el ámbito local», usan la expresión Lado Oscuro del Mundo Globalizado»

Lo que los dos autores llaman el lado oscuro del mundo globalizado, va en el mismo sentido que SOLANA E INNERARITY con su expresión: lado oscuro de la Globalización, solo que se centran más en el aspecto económico.

Pero es el escritor Zygmun BAUMAN (2007) y su libro «Miedo Liquido: La Sociedad Contemporánea y sus temores», quien apunta el dedo en la cara de la Globalización, señalándola como la única responsable de la sociedad contemporánea y causante del desequilibrio actual.

En uno de los pasajes BAUMAN (2007) dice lo siguiente:
«La Globalización nuestra es totalmente negativa: descontrolada y no complementada ni compensada por una fuerza homónima de signo positivo, que, hoy por hoy, sigue siendo una posibilidad que se antoja bastante distante y, según algunos pronósticos, puede que incluso sea ya del todo vana»

Toda esta expresión se centra y se resume en lo que BAUMAN califica de «Globalización Negativa».

Pero es el escritor MILAN KUNDERA (2000), en su publicación intitulada «El Arte de la Novela», quien logra demostrar a través de una excelente expresión simple, lo que es la correlación negativa entre la Globalización y las Amenazas Globales. KUNDERA define de forma simple esta correlación a través de la siguiente expresión:

«*L*a unidad de la humanidad significa que nadie puede escapar a ninguna parte»

A través de esta expresión, KUNDERA (2000) nos quiere explicar que, con la globalización, todas las puertas están abiertas para permitir circular todo tipo de amenazas.

Pero antes de concluir este apartado y, sin la intención de menospreciar las excelentes teorías de los grandes autores mencionados, desde mi punto de vista personal, diría que: la Globalización es un instrumento terminológico creado por el hombre y, por lo tanto, capaz de ser controlado por el hombre. Pero por culpa de nuestra curiosidad innata, pasamos más tiempo queriendo ver lo que ocurre fuera de nuestras fronteras, de una forma tan extrema que perdemos el control sobre lo nuestro; y solo nos damos cuenta cuando se presenta una situación con efectos ya casi incontrolables.

Las amenazas globales:

Son reales y existen

Son múltiples y variadas

Pero están mal identificadas

Lo que conlleva a situaciones donde concentramos nuestros esfuerzos en amenazas visibles, pero no bien objetivadas.

Hay momentos en que se logra objetivar, de forma eficaz, las amenazas, pero el error suele ser que se intentan tratar con una visión exterior. Esta última parte, sirve para decir que la mejor forma de combatir las amenazas globales es desde el interior de los países y no desde el exterior. Aunque una aportación exterior siempre es y suele ser útil, a condición de que preceda la iniciativa interna.

Un ejemplo concreto es la situación de Irak, desde que se terminó con el régimen de Sadam, si la situación sigue siendo aún más inestable es porque las amenazas no proceden del exterior, sino del interior; y son activadas y vehiculadas por los propios iraquíes.

Otro ejemplo concreto es el de los países africanos y sus supuestos Jefes de Estados Dictadores.

Para los occidentales, son una amenaza para la democracia, pero los africanos han demostrado que, cuando quieren pueden iniciar manifestaciones y revoluciones para poner fin a estos regímenes (ejemplo de las revoluciones iniciadas desde 2011, así como otros casos aislados en el pasado).

Por último mencionaría el caso de la proliferación de armamentos nucleares, pues por mucho que las ONG y algunas naciones ejerzan presiones sobre las naciones detentores de estos armamentos, nunca serán desmanteladas. La mejor forma es que desde el interior de estos países, salga la iniciativa de terminar con la fabricación y desmantelamiento de estas armas de destrucción masivas.

En la obra «Sobre La Épica Fang (2022, Pág. 130)», del novelista, poeta y ensayista Jorge-ABESO NDONG, habla sobre la mitología fang y las terribles armas de destrucción masiva de la antigüedad, llamados Alog Nveng[21] y Lon Mibili.

---

[21] Alog Nveng: es el arma más potente fabricado por los ehang, al dispararlo su reacción y estruendo tiene una duración de un año y medio, es decir 18 meses de estruendo. Se lo asignan a un oficial,

«Angon, jefe supremo del poderoso Pueblo-Estado ancestral Engong, tenía un arma llamado Lon Mibili, capaz de arrasar Estados enteros…, el disparo de este arma provocó un desastre tal que hizo desaparecer algunos Pueblos-Estados, y con esta razón ordenaron clausurar el arma y no volver a dispararla nunca jamás, por sus efectos aterradores»

Si hipotéticamente los pueblos ancestrales africanos ya prohibían el proliferamiento de las armas nucleares, por sus efectos perniciosos a largo plazo, la lección del mundo desarrollado de hoy debería ser esta, el cese completo y absoluto de las armas de esta condición, pues Hoppenhaimer ya lo expresó inspirado en el Bhagavad Gita ancestral hindú: me eh convertido en la muerte, en el destructor de mundos.

Pues estas armas solo nos recuerdan que no hay seguridad global y nadie, absolutamente nadie está seguro mientras existan, pues son la muerte y la destrucción mutua asegurada del mundo.

2. PRINCIPALES ACTORES DEL SISTEMA DE SEGURIDAD GLOBAL

El sistema de seguridad de las Naciones Unidas, agrupa un conjunto de actores, algunos con implicación directa, otros con implicación indirecta y, algunos con más o menos voz sobre los temas relativos a la Seguridad Global.

Aunque el Consejo de Seguridad sea el órgano oficial de las Naciones Unidas para abordar asuntos relativos a la Seguridad Global, en algunas ocasiones las decisiones de este órgano suelen ser secundarias o terciarias, ya que otros actores más cercanos (a las situaciones,

---

aquél que participa en muchas guerras: está a las órdenes del imbatible capitán Nzee Medang.

conflictos… Etc.), suelen dar intervenciones adecuadas.

Pero para poder abordar el tema relativo a los Principales Actores del Sistema de Seguridad de las Naciones Unidas y, así enumerarlos, es importante y necesario utilizar el término «situaciones» para poder distinguir el campo de actuación de los diferentes actores de dicho sistema.

En función de las «situaciones», podemos presentar los actores de la siguiente manera:

- **Los Individuos:** aunque parezca mentira, un simple individuo puede ser objeto de debate, de un tema relativo a la seguridad global.

El ejemplo más práctico es el de la Primera Guerra Mundial, cuyo encadenamiento fue debido (de forma indirecta e independientemente de su cargo o posición social) a la muerte de un solo individuo por nombre (Francisco Fernando de Austria). Así que, los primeros actores del sistema de Seguridad Global son los Individuos en primera, segunda y tercera persona. Pero gracias a la capacidad de razonar de los individuos, muchas veces terminan entre sí construyendo un dialogo positivo que, en la mayoría de las veces, termina beneficiando a ambos y, de esta forma, se evitan que situaciones conflictivas se conviertan en conflictos.

Se puede decir que, esta capacidad de construir diálogos del que están dotados los individuos y que, han heredado de la época primitiva de sus ancestros, es la que les ha permitido crear el Consejo de Seguridad así como su institución madre la ONU.

- **Los estados o Naciones** (sin entrar en la polémica de los dos conceptos, a nivel de separación como Jacques Maritain, en su libro El Hombre y El estado):

Ante la imposibilidad o la capacidad limitada de los individuos a mantener, respectar y cumplir de una cierta forma algunas normas, decisiones y obligaciones; se puede decir que, los estados o naciones y sus estructuraciones orgánicas y funcionales vienen a cubrir estas lagunas. Los estados o naciones son a su vez, los garantes para impedir que los individuos puedan tomar decisiones o emprender acciones que puedan poner en peligro tanto los demás individuos (sean fuertes, iguales o débiles), a través de la creación de organismos especializados y adecuados o, de una forma más general, para impedir que puedan poner en peligro la seguridad general a nivel todo el Estado o global, a nivel mundial.

El consejo de seguridad de la ONU, aun teniendo la capacidad de tomar decisiones concernientes a los Estados, cuando las situaciones obligan, permite a estos en muchas veces intenten tomar las decisiones más oportunas, para mediar o solucionar situaciones internas, sea situaciones internas con efectos fuera de sus territorios o no. Por lo que, las Naciones o Estados son muy importantes en las decisiones de la Seguridad Global. Por sus estructuras, se ven obligados a tomar decisiones para el bien de uno o varios individuos, y son ellos los encargados de decidir quién será el representante de ellos ante las Naciones Unidas; y en especial en el consejo de seguridad.

Por lo que los Estados son el más grande aliado del Consejo de Seguridad, así como de las decisiones que de él emanen. De una cierta manera son los Estados los que han permitido la creación y la evolución de las Naciones Unidas, así como la de las instituciones que de ella emanan. Por esto el peso de un Estado o Nación, ante temas relativos a la Seguridad Global, es de los más importantes para no decir primordial; aunque la voz, el poder (militar, económico... Etc.), o la influencia de ciertos estados puede o resulta superior al de ciertos estados.

- **Las instituciones Regionales:**

Aunque no tienen representaciones en las Naciones Unidas, el papel de estas ha ido creciendo de año en año, hasta el extremo de que algunas de estas son ya referencias en materia de integración comunitaria; como por ejemplo, la Comunidad Europea, la Comunidad de los Estados de África del Oeste.

Su papel, se puede decir que, empieza donde el de los Estados encuentra límites y antes de que la institución de mayor representación en cada continente tome el asunto. Por lo que el papel de estos, también es de mucha importancia para evitar que situaciones regionales de desestabilizaciones internas, locales y globales, tengan que llegar a ser debatidos en el Consejo de Seguridad de la ONU.

- **La institución de Mayor Representación Continental:**

Aquí hablar de la mayor institución representativa continental, supone por ejemplo en el caso del continente africano, hablar de la Unión Africana; ya que frente a las instituciones regionales africanas se la puede considerar como institución madre.

Son instituciones que a diferencia de las regionales que, se ocupan de los asuntos específicos de una determinada región en un continente, tienen la capacidad de opinar en asuntos que abarcan todo un continente y hacer el papel de mayor mediador continental. Pero cabe resaltar aquí que, en asuntos relativos a la Seguridad

Global, todas las instituciones continentales no tienen el mismo poder y autoridad decisional.

El ejemplo típico y claro se ha vivido en el continente Africano, cuando la OTAN junto a los Estados Unidos de América, decidieron intervenir militarmente en Libia, sin el aval de la Unión Africana. Esta última, impotente ante las potencias de la OTAN y USA, se vio obligada a convertirse en espectadora y   realizar protestas a regañadientes.

Este caso fue el ejemplo claro de que el mundo globalizado se ha convertido en un espacio sin intimidad, donde incluso algunas instituciones continentales de países potentes pueden dictar sus leyes donde quieran y cuando quieran, con tal de que la acción les parezca justa. Por lo que algunos actores de la Seguridad Global pueden también ser considerados como amenazas para esa. Aquí cabe precisar que al igual que la Unión Europea en el continente Europeo, Unión Africana en el continente Africano, Organización de los Estados Americanos del continente Americano; la mayoría de los continentes ya están dotados de estas instituciones que de una forma generalizada, representan sus intereses o gran parte de estos.

- **El Club de las potencias mundiales** (Estados Unidos, China, Rusia, Francia, Inglaterra y sus aliados más cercanos):

Aunque parezca injusto decirlo, estos países miembros permanentes del Consejo de Seguridad de la ONU, muchas veces y sin contar con el aval de las instituciones continentales, de las cuales forman parte; se oponen, imponen y toman decisiones relativas a la Seguridad Global, muchas veces cuando estas tienen que ver con sus intereses políticos, económicos o estratégicos y, en ocasiones sin el consentimiento de las Naciones Unidas o del Consejo de Seguridad Global(ejemplo de las invasiones de Afganistán e Irak, la implicación armada de Francia en Costa de Marfil… Etc.).

Se puede decir que, de todos los principales actores de la Seguridad Global, tal vez son los que más influencia tienen; rol que les hace ser considerados como los dirigentes de la política mundial. Cabe resaltar aquí, en el club de las potencias mundiales, el papel de los Jefes de Estados que, muchas veces va de par con la política internacional del país.

Pero no se puede terminar este sub-apartado sin hablar un poco del papel de los Estados Unidos de América en la política de la Seguridad Global, país considerado como la potencia de las potencias, sin entrar en detalles, puedo resumir su rol asimilándolo a dos papeles de un personaje legendarios: El Doctor Henry Jekyll y Mr. Edward Hyde.

- **Las ONG:**

Los organismos No Gubernamentales ya forman prácticamente parte de la política internacional. Sus acciones, esfuerzos, implicaciones y luchas por un mundo mejor (reducción de la pobreza, deforestaciones, creación de reservas, reducción de emisiones de gas, lucha contra la explotación de personas… Etc.); han hecho que hoy en día formen parte de los considerados como principales actores del sistema de seguridad global.

- **Las Instituciones Financieras Internacionales:**

El que controla el dinero y los recursos, en gran

medida es el que escuchan cuando habla. Las grandes instituciones financieras, algunas dependientes de las Naciones Unidas, tienen una voz a parte, una voz muy escuchada y respetada. Gracias a estas instituciones financieras, muchas situaciones que se pueden convertir en crisis mundiales se resuelven.

Por lo que las instituciones financieras internacionales, apoyadas por las regionales y nacionales, son una parte de las soluciones a situaciones desesperantes. Ejemplo de ello se está vivió en Europa con la crisis que afectaba a varios países europeos en 2012; y que sin la intervención de instituciones financieras, varios países europeos corrían el riego de que millones de sus ciudadanos se quedasen en situaciones más pésimas que el estar parados, y poner en peligro la seguridad Global de una gran parte del continente.

- **Las multinacionales:**

Hoy en día las grandes empresas multinacionales, se han convertido en objetivos estratégicos y políticos para los países originarios de estas empresas. De esta forma el papel de estos, en la política internacional, tiene más o menos el rol de armas pacificas pero con efectos sociales y económicos.

Ta vez la lista sea limita (para algunos), mal estructurada (para otros), diferente (para terceros) o aceptable (para optimistas).pero, clasificar lo que son Actores del Sistema de Seguridad Global o principales actores de la gobernanza mundial, puede resultar a la vez fácil y complicado.

Fácil porque simplemente con mirar los servicios informativos de varios países del mundo, se puede observar los elementos sobresalientes en la mayoría de los asuntos internacionales. Pero también puede resultar difícil o complicado, ya que no siempre lo que sobre sale resulta ser como lo vemos. Detrás del núcleo central suele existir de vez en cuando un núcleo de control.

Pero resulta difícil, después de haber leído el libro « Marion-ética. Los expertos de la ONU imponen su Ley» de MARGUERITE A. PEETERS (2011), no dar un hincapié de forma analítica sobre lo que la autora califica de Revolución de Grupos minoritarios. La escritora afirma lo siguiente en una de las citas:
«En menos de un siglo, las ideas de ciertas minorías revolucionarias han transformado a fondo las mentalidades y las costumbres de la mayoría en occidente»

Analizando bien esta frase extraída del libro de MARGUERITE A. PEETERS (2011), se puede decir que hoy en día, son estas minorías las que en realidad tienen cada vez más el verdadero control en el sistema de gobernanza global. Cada vez más las asociaciones representativas de estas minorías tiene participación constante así como una influencia creciente en varias áreas del sistema internacional, empezando por el seno de las naciones unidas así como en el interior de los países más influentes en la política internacional.

Hoy en día, las sociedades llamadas occidentales así como las que funcionan con el régimen y modelo occidental; se ven en la necesidad de aceptar sin querer y, sin ser obligados a vivir y a tolerar ciertas actitudes de funcionamiento y modos de vidas que van más allá de la ética moral, que se puede considerar como aceptable. Simplemente lo que la escritora califica de «nueva cultura».

Para resumir todo lo dicho anteriormente, es mejor recitar la siguiente frase utilizada por la escritora

MARGUERITE A. PEETERS en su libro «Marion-ética. Los expertos de la ONU imponen su Ley»:
«La nueva cultura reivindica el derecho a realizar todo lo que es técnicamente posible»

Con esta frase, no es extraño ver que hoy en día existan varias asociaciones defensoras de todo tipo de ideologías y que estas sean aceptadas y avaladas. Con estas asociaciones, el sistema tradicional de actores internacionales tal vez pierda el papel y rol en el futuro de la política internacional.

Un ejemplo ficticio tal vez absurdo e hilarante es que en un futuro, tengamos que aceptar vivir al lado de vampiros sabiendo que tenemos su principal alimento en nuestro cuerpo. Pues esta supuesta aceptación seria tal vez para evitar estar bajo los focos de asociaciones que luchan por la no discriminación de vampiros o por la igualdad de especies.

Pero no puedo concluir este apartado de Principales Actores del Sistema Internacional, sin dar un hincapié sobre el actor que ha revolucionado y continuará revolucionando la política internacional: se trata de las **Redes Sociales**. Pues desde hace un buen tiempo, nos damos cuenta de los enormes avances tecnológicos y sobre todo, del papel de estos en la opinión pública internacional.

Gracias a la rapidez con que circulan sus informaciones, la capacidad de influencia con que estas informaciones llegan a sus objetivos, sin olvidar la homogeneidad de mentalidad de los usuarios; las redes sociales se han convertido en los actores de moda en los dos o tres últimos años, en lo relativo a la política internacional; si no, que se lo pregunten a los ex-dirigentes de algunos países de África del Norte, quienes han visto movilizados millones de personas en su contra gracias a las redes sociales.

3. ROL DE LAS NACIONES UNIDAS ANTE
    LOS PRINCIPALES ACTORES DEL
    SISTEMA INTERNACIONAL HACIA LA
    SEGURIDAD GLOBAL.

Mantener la armonía y concordia en el mundo con la ayuda participativa de todos, resume de forma simple el papel de las naciones unidas. Pero llevar a cabo esta tarea, la ONU se ha visto en la necesidad de crear varios organizaciones dependientes, de forma directa o indirecta, de su gestión entre los cuales el Consejo de Seguridad de las Naciones Unidas. Esta última organización citada, al ocuparse de asuntos de mucha delicadeza y debido a que la ONU no es un Gobierno de todos sino un organismo facilitador, su rol ante los principales actores del Sistema Internacional hacia la Seguridad Global puede resultar a veces inoportuno, esperanzador o simplemente insignificante. Pero debido a que no es la ONU la que creo a los Estados, sino que son los Estados los que crearon la ONU; el rol de las Naciones Unidos ante los principales actores del Sistema Internacional hacia la Seguridad Global puede resumirse a mi visión, en prioridades elípticas pero sensibles en tres categorizaciones:

- **En la primera categorización**.

Encontramos **los países permanentes en el consejo de seguridad de la ONU,** también denominados críticamente por algunos, el grupo de los grandes, aquellos que tienen la última palabra.

Casi todos estos miembros permanentes, lo son desde el inicio y en gran parte por ser vencedores en la

Segunda Guerra Mundial. Más de 60 años después, estos países no piensan ceder esta posición de privilegiados que mantienen, no solo dentro de la institución si no en la comunidad internacional.

Ante esta situación, el rol de las Naciones Unidas ante este grupo, debe situarse entre la demostración de impresión de no ser influenciado por las decisiones influentes de estos, poniendo mucha firmeza tanto en el fondo de las decisiones, como en la forma de estas; así como dar fuertes señales de tener siempre la última palabra, pero valga la redundancia, sin jugar ni intentar jugar el papel de un Estado.

Cabe resaltar el control de influencia (aunque no total) de esta categorización sobre la mayoría de las instituciones financieras. En esta categorización podemos citar Estados Unidos, China, Rusia, Francia, e Inglaterra.

- **En la Segunda categorización.**

Encontramos el grupo de países que en los últimos años, han alcanzado un nivel de desarrollo económico, social e industrial más que suficiente, incluso algunos ya se han dotado del poder nuclear militar. Y muchos realizan esfuerzos de todo tipo dentro de la institución; pero no es solo esto, estos países ya reclaman puestos en la categoría superior, es decir ser miembros permanentes en el Consejo de Seguridad e imponer sus estrategias políticas en el contexto internacional. Muchos de estos países, si se dan cuenta en los próximos años que sus ideas, visiones y estrategias políticas no tienen la página que ellos creen que ya merecen tener en el seno de las Naciones Unidas, pueden rebelarse ante esta institución. Y debido a que cada vez más muchos países alcanzar el grado de desarrollo que les permite acceder a esta categoría; no sería una buena situación para la ONU. Por lo que, el rol de las Naciones Unidas ante esta categorización debe situarse entre el disimulo pero sin desprecio de la grandezas de estas nuevas potencias emergentes ansiosas de imponer sus voces; así como evitar demostrarles que aún son de la tercera categorización. En esta categorización podemos citar Brasil, India, Alemania, Japón, Australia, Canadá, Sudáfrica, Nigeria… Etc.

- **En la tercera categorización.**

Encontramos los países considerados como subdesarrollados, así como algunos países de la Segunda Categorización, pero que se limitan a jugar al conformismo sin ambiciones de querer subir al primer nivel.

Pero en esta categorización, nos centramos sobre todo en los países considerados como subdesarrollados y que casi siempre están o se ven en la obligación de aceptar las decisiones tomadas, en la mayoría de las veces, por los países de la primera categorización.

El ejemplo típico fue la invasión de Libia, donde ningún país africano pudo levantar la voz y se limitaban a realizar críticas a escondites desde sus oficinas (incluso ningún país africano se atrevió a realizar manifestaciones de apoyo o de protesta), e incluso la Unión Africana que quiso dar la voz, se dio cuenta de que su voz no era de talla, ante la de los países de la primera categorización.

Otro ejemplo fue la intervención francesa en Costa de Marfil, sin pedir ninguna opinión (sin entrar en el debate de si fue buena o necesario). Pues estos países de la tercera categorización que representan más del 80% de los países de la ONU y que, a su vez son los sin voz (incluso cuando la dan), tienen la capacidad de aumentar su voz y su poder de decisión si estuvieran unidos y si fueran solidarios.

El rol de las naciones Unidas ante esta categorización debe situarse entre la actitud de apoyar y hacer escuchar sus opiniones, y la actitud de no ceder a sus caprichos; en el caso de que algunas de sus opiniones o puntos de apoyo las fueran.

En definitiva, las Naciones Unidas y los principales actores del Sistema Internacional hacia la Seguridad Global, que aquí he dividido en tres categorizaciones; deben intentar mantener una relación equilibrada donde aunque las posiciones por categorización se conozcan, que no se remarquen. Ya que el rol de las Naciones Unidas es, y sobre todo debe consistir en, hacer prevalecer sus decisiones como las ultimas, por encima de todo. Para esto, las Naciones Unidas, en los asuntos relativos a la Seguridad Global debe evitar que existan las categorizaciones de todo tipo; porque estas pueden tener entre algunas consecuencias drásticas, que los países sin voz puedan pasar por amenazas como terroristas (a través de apoyos y financiaciones), o tráfico de armas de destrucción masiva, ya sean nucleares o bacterianas, solo para darse a conocer, y para demostrar que también tienen un papel que jugar a nivel internacional.

4. SITUACIÓN DE LA SEGURIDAD GLOBAL

En este apartado, más que hablar de la Seguridad Global, se tratará sobre todo de dar una síntesis general de la situación mundial, pero con un hincapié sobre la Seguridad Global, ya que los aspectos más alarmantes y llamativos de la actualidad mundial son los relativos a la Seguridad Global.

Primero, para mis mecanismos de pensamiento analítico, la situación mundial actual empezó en 2011; en el caso especial del continente africano, hemos vivido las revoluciones de África del Norte, que han hecho caer a tres presidentes de tres de los países más desarrollados del continente (Túnez, Libia y Egipto); así como la realización de nuevas reformas en otros países africanos como marruecos. Estas revoluciones que se han extendido hasta el oriente medio siguen avanzando, aunque sin rumbo fijo, es decir pueden a día de hoy surgir en cualquiera parte del mundo, entre los países menos democráticos (sin entrar en el debate de cuales son realmente los países democráticos). Las revoluciones que están afectando al continente Africano y al Oriente medio (Siria, Yemen… Etc.), son el resultado del inicio del cambio generacional entre los últimos herederos del colonialismo con una visión particular de ver a occidente como su modelo de aprendizaje, y la nueva generación, que quiere una relación con occidente de « tú a tú», teniendo la certitud que tienen los mismo conocimientos. Estas revoluciones en caso de continuar pueden cambiar el estado general mundial, así como las relaciones Norte y Sur.

Pero cabe aquí resaltar que las amenazas globales tienen orden de prioridad, según la categorización establecida en el apartado anterior. Por ejemplo, mientras que los Estados Unidos se centran más en el terrorismo, con victorias especiales como la eliminación de Bin Laden (líder de Alquaeda), otros países como Japón sufren de efectos del calentamiento climático con súper terremotos como el del 2011, que alcanzó los nueve grados de magnitud; los mismos efectos del calentamiento climático que hacen que varios países africanos sufran de la sequía, aunque ya haya en este aspecto, avances importantes como la creación del Green Cimate Fund o Fondo Climático Verde.

Así mismo, varios países Europeos están al borde de las situaciones de crisis económicas inquietantes, como es el caso de Grecia y España en 2012 o sufren situaciones alarmantes de paro (casi la mayoría de los países Europeos).

Ya que trabajo en el sector de la aviación (principal medio de transporte y el más seguro en el mundo globalizado), no puedo pasar sin hablar de la situación de este sector que permite al mundo moderno mantenerse en contacto diario.

Pues cada día varios miles de personas, en todo el mundo se quedan sin empleo, debido a la crisis económica que sufre casi una gran parte de los países del mundo; así como el precio del petróleo que se encarece, debido a la inestabilidad política que afecta la zona de Oriente Medio.

La situación actual no es buena, pero gracias a los esfuerzos constantes de las Naciones Unidas y los organismos anexos a ella, conjugados con la implicación de los países; hemos y estamos evitando lo peor.

4.1. La Guerra Ucrania-Rusia, y El Papel de EEUU y La OTAN.

Siempre he sostenido y lo seguiré haciendo (desde una perspectiva amplia y análisis objetivo de los acontecimientos históricos del siglo XX), que el mundo en el que vivimos hoy (en el contexto internacional), tanto en términos de política internacional como a nivel de la diplomacia internacional, es una manifestación conclusiva de los resultados de la Segunda Guerra Mundial, la cual fue una continuidad de las cuentas pendientes de la primera.

Siempre es bueno hacer un pequeño recordatorio histórico, resaltando términos como Nazismo, Judaísmo, Capitalismo y Comunismo en par con su variedad socialista.

La guerra que hoy en día están librando Ucrania y Rusia, es una Tercera Guerra Mundial desde unas trincheras diferentes, las trincheras tecnológicas, en la que la tecnología occidental capitalista, liderada por Estados Unidos, Inglaterra y Francia (como los tres principales vencedores de la Segunda Guerra Mundial, manifestados en el reparto territorial de Alemania, apoyados por sus históricos aliados, a saber los países de la OTAN apoyados por Japón, Israel, Corea del Sur, así como otros países afines a Estados Unidos), contra la Tecnología Comunista Rusa, precedente de la Tecnología soviética, el otro vencedor de la Segunda Guerra Mundial (también manifestado en el reparto territorial de Alemania, apoyado por China, Corea del Norte y otros países afines a la causa común rusa).

Después de la Segunda Guerra Mundial, el reparto limitado de la tecnología de la bomba atómica como principal arma para doblegar a los países, conjugado con el desarrollo de otras tecnologías militares para tener el dominio militar de tierra, mar y aire, hizo que los dos bandos surgidos después de la Segunda Guerra Mundial, a saber el bando capitalista y el bando comunista, se dividieran en dos bloques de influencia, y apareciera lo que se denominó la guerra Fría.

Durante gran parte del Siglo XX, en pleno apogeo de la Guerra Fría, se estuvo al borde de la Tercera Guerra Mundial, la cual muchos daban varios nombres, destacando el nombres de Guerra Nuclear. Pero gracias a la capacidad racional desarrollada por los líderes mundiales después de ver y vivir los horrores de La

Segunda Guerra Mundial, hizo que se desarrollasen las bases de la diplomacia y se hicieran esfuerzos en las negociaciones, tanto públicas como las secretas del campo de la Diplomacia, evitando así vivir una Tercera Guerra Mundial con una destrucción mutua asegurada por ambas potencias.

Pero en todo este tiempo, siempre ha habido una necesidad por parte de las potencias mundiales de medir en acción real, su potencia armamentística y tecnológica militar, siendo el escaparate idóneo el surgido con la Guerra de Ucrania, donde Estados Unidos y sus aliados han podido enfrentar su fuerza tecnológica militar de forma directa contra las fuerzas tecnológicas y militares Rusas y la de sus aliados.

Por lo que la Guerra Ucrania-Rusa ha sido el escaparate internacional donde cada potencia militar occidental ha podido poner en marcha lo que vale su tecnología ante sus rivales rusos y viceversa.

Después de este conflicto (que tarde o temprano, con vencedores o sin ellos), permitirá que de ahora en adelante cierta nación esté más preparada, pues ha podido comprobar las fortalezas de su tecnología militar y evaluar las mejoras que le aseguren cambios sustanciales para futuros y eventuales guerras, donde tendría que utilizar en el terreno a sus propios soldados.

Ya que en el conflicto ucraniano-ruso, Estados Unidos y la OTAN solo han utilizado su material y tecnología, no se han enfrentado directamente contra los rusos, se han limitado a adoctrinar a los ucranianos. Y los rusos han tenido la oportunidad de ver las limitaciones de su tecnología frente a occidente; y es casi una certeza que los rusos harán lo esperado después de este conflicto, mejorando su tecnología y evaluando las debilidades de sus enemigos.

Tal vez genere cierta polémica decirlo así, pero el papel de Estados Unidos y la OTAN en el conflicto de Ucrania-Rusia, ha sido más una forma de manifestar, confirmar y certificar que la gran rivalidad que mantienen con Rusia sigue vivía, más que nunca; y que están dispuestos ante cualquier motivo o causa, a justificar entrar en una guerra directa. Siendo tal vez el último obstáculo que lo impida, la incapacidad de detentar una tecnología que pueda reducir los efectos devastadores de un arma nuclear, o simplemente neutralizarlo.

De igual forma, viendo la decisión Rusa de invadir ucrania, podemos decir que la disolución de la unión soviética sigue doliendo a los nostálgicos comunistas rusos, y en un futuro podrían preparar o lanzar una gran ofensiva de reconquista de los territorios independizados.

Después de ver las limitaciones y dificultades que han tenido en este conflicto, y las debilidades de sus contrarios, tendría la oportunidad perfecta de hacer mejoras en su forma de hacer la guerra; no olvidemos que gran parte de la victoria en la Segunda Guerra Mundial se lo deben a los rusos, y su gran ofensiva que culminó con la invasión de las tropas soviéticas a la capital Berlín. Y es de conocimiento popular que los rusos se vuelven más fuertes en el invierno, aun después de haber sufrido muchas derrotas, como ejemplifica La Segunda Guerra Mundial, y otras guerras en su pasado histórico.

4.2. La Expulsion de los Franceses en los Golpes de Libertad de Mali, Burkina Faso y Niger. Gabon UN Caso Aislado.

En las variantes circunstancias de la vida, cuando se te vincula a un bando, trabajas según la política del bando, si no mantienes sus líneas y directrices, las consecuencias pueden ser fatales. Francia, desde su pasado histórico como una de las tres grandes potencias coloniales del mundo moderno, siempre ha presumido que posee un control muy presente, pero sin ser aparente, en la política de los países africanos francófonos. De ahí en parte, la utilización de la expresión «Política de France-Afrique». Pues esa política que siguió viva y muy presente con los primeros presidentes pos-independentistas, algunos de ellos siendo padres de las independencias de sus países, tenían una reciprocidad funcional con la Galia como sigue:

—Tengo un control aparente, pero la mano en la sombra son ellos, y acepto ciertas decisiones y orientaciones suyas, y me permiten mantenerme en el poder.

Algunos lo aceptaron, y tuvieron la dicha de morir en el poder, otros duraron muchos años, pero los que quisieron hacer lo contrario de las directrices marcadas, sobretodo en su orientación política internacional, fueron purgados.

Esta política ha se ha mantenido con los herederos de los primeros presidentes y algunos de sus sucesores, pero ahora la situación ha cambiado, la primera generación de políticos de la era de independencias casi ya no existen, y los poquísimos que quedan tienen edades muy avanzadas, y sus herederos igualmente ya son también muy mayores, de entre 80 a 90 años, sus sucesores hoy rondan a los 55 a 75 años. Ahora la nueva generación de políticos y líderes, (o díganse la tercera o cuarta después de las independencias), está teniendo una actitud muy hostil hacia Francia.

Eso se debe en parte porque sienten en parte, no correspondidos a los derechos indirectos que, por ser descendientes de países colonizados por Francia, les pertenece. Por otra parte, tildan la mala gobernabilidad de sus líderes a Francia, al considerar que siempre ha estado dirigiendo en la sombra, por lo que los males visibles y persistentes de hoy, como el paro, la falta de desarrollo de servicios básicos, y la situación de seguridad, lo tildan a Francia; razón por la cual estamos viendo cada vez más un sentimiento anti-francés, siendo los casos más evidentes los vividos con la expulsión del ejército francés en Mali, Burkinfaso y Níger.

Es una excepción a estas tres naciones, que merece ser analizado al detalle como quien porte una lupa, el caso de Guinea Conakry y Gabón.

El caso excepcional de Gabón, en realidad es un castigo por unos cambios de decisión en su política internacional como su entrada a la Commonwealth, que sin pronunciarse, Francia vio como una traición por parte de uno de sus aliados históricos de África Central.

Intentando en gran detalle «modernizar y diversificar su política internacional», Gabón ha terminado soltando la correa que le sostenía de forma directa e indirecta, según se vea, pero que era real.

Viendo el perfil de los nuevos líderes políticos africanos, sean militares o civiles, se puede decir que la política francesa está en peligro en la África francófona, a no ser que cambien de estrategia, y que a su vez se desprendan del perfil moderno y visible de sus líderes políticos, y decidan sacar provecho de su potencia militar admitiendo por fin la principal crítica que pesa sobre ellos de imperialistas y heraldos del neocolonialismo.

Un ejemplo visible es que con su base militar en Níger, y movilizando una pequeña cantidad de su ejército exterior, podían simplemente neutralizar al Gobierno militar de Níger y restaurar su hegemonía, pero sus líderes políticos, aquellos de la nueva generación, independientes de la estructura funcional de los antiguos partidos políticos, no dieron la talla; sin intención de manifestar una impresión equivocada en desear que lo hicieran, me inclino a esta afirmación.

NIGER, MALI Y BURKINAFASO, en los últimos años, a pesar de la enorme cantidad de militares franceses estacionados ahí, y con el equipamiento de última tecnología que tenían, entraron en un nivel de inseguridad y terrorismo sin precedencia, haciendo que miles de civiles de estos países abandonaran sus hogares, lo que dejó tanto a la población, los nuevos líderes políticos y los militares, en una especie de duda y, hacerse preguntas como:

—*Realmente vale la pena que estos militares se encuentren estacionados en nuestro país, si no nos aportan la seguridad que necesitamos.*

Por otro lado, los antiguos políticos fieles al status quo galo, al ver estacionados en sus países a los militares franceses, no priorizaron reforzar la seguridad con sus propios ejércitos nacionales: el reforzamiento de sus ejércitos con nuevo material militar y efectivo.

4.3. Relación de Organizaciones Terroristas, Boco Haram y el Estado Islámico con las Potencias Mundiales: Francia, Estados Unidos ¿Existen Pruebas o Acusaciones Directas de su Promoción o Financiación?

Durante la guerra con el Estado Islámico desatado en el año 2014, se pudo ver como algunos grupos considerados como terroristas o radicales, reunidos en una Alianza Militar islámica o CJTF-OIR, tuvieron que ir al bando contrario al Estado Islámico, siendo dicha banda la que era apoyada por los países occidentales, en este mismo grupo estaba Hezbola. Sí, parece mentira pero HEZBOLA tuvo que luchar en el mismo bando que Estados Unidos en la guerra contra el Estado Islámico, al igual que HAMAS, FPLP-C en anagrama, frente popular de liberación de palestina, sin olvidar el grupo FATAH INTIFADA. Por lo que hablar o decir que Estados Unidos apoya al Estado Islámico parece imposible; tal vez se diera tal escenario si en un sentido, varios otros grupos en guerra con Estados Unidos y Francia tuvieron que ponerse de su bando ante una amenaza peor.

Boko Haram, durante el conflicto desatado en 2014 contra el Estado Islámico, manifestó claramente su apoyo a este último, por lo que al igual que el Estado Islámico, con Boko Haram es difícil que se hable de una asociación en forma de apoyo por parte de Estados Unidos o Francia[22]; ahora , es cierto que en las guerras surgen alianzas insospechadas, y que las guerras tienen motivos diversos según periodos, tal vez en un momento propicio se haya sospechando que Estados Unidos en su lucha contra el terrorismos haya dado apoyo indirecto a una parte del Estado Islámico o Boko Haram, pero en una perspectiva realista, las acusaciones y afirmaciones deberían tener soportes difíciles de ignorar para poder llegar a una conclusión de esta índole, teniendo en memoria el golpe sufrido en el año 2001 en los atentados de las torres gemelas por AL QUAEDA, aliado del Estado Islámico, aunque los dos bandos, volvieron a enfrentarse en Siria y Afganistán.

Es bueno concluir diciendo que en la Política Internacional, incluso los más grandes aliados pueden entrar en diferencia en un punto donde todos luchan por el mismo interés, por lo que la opción de «apoyos a enemigos de enemigos» y de «amigos de enemigos»

---

[22] Aunque mi editor no comparta esta opinión.

siempre será plausible.

5. LAS ACCIONES DE LA INSTITUCIÓN SUBREGIONAL ANTE LA SEGURIDAD GLOBAL.

En materia de instituciones comunitarias, África Central seria como un recién nacido: pero en los últimos años, tanto la CEEAC o Comunidad Económica de los Estados de África Central (once países),como la CEMAC o Comunidad Económica y Monetaria de África Central (seis países), junto con las instituciones que les son anexados a este último como:

- La Conferencia de Jefes de Estado, que se encarga de definir la política de la Comunidad y de orientar la acción de la UEAC y la UMAC.
- El Consejo de Ministros, que asume la dirección de la UEAC.
- El Secretariado ejecutivo, sito en Bangui (República Centroafricana).
- El Banco de los Estados de África Central (BEAC), sito en Yaundé (Camerún), que define y conduce la política monetaria.
- La Corte de Justicia comunitaria instalada en Yamena (Chad).

Tienen un desafió de talla monumental, que consiste en consolidar las bases de una verdadera unión de estados o países. Por este motivo, era casi imposible en nuestras instituciones comunitarias hablar de aspectos relativos a la Seguridad Global, fuese a nivel de la comunidad, fuese a nivel del continente Africano o fuera de ese.

Pero esto no significa que en todo este tiempo, intentar consolidar las bases de una institución comunitaria haya sido el único motivo por el cual África Central estaba atrasada en cuestiones de Seguridad Global, y ante las diversas amenazas.

El otro motivo es que los países de África Central estaban en comparación con el resto de países Africanos, muy atrasados en materia de infraestructuras internas y servicios sociales. Pero en los últimos 12 años, una vez alcanzados los niveles aceptables en dichas carencias, las primeras señales de evolución han aparecido en 2011, con la demanda por parte de África Central a las Naciones Unidas (precisamente la Oficina de las Naciones Unidas para África Central), de un apoyo de estrategia global anti terrorista, en diciembre de este año en la ciudad de Bangui, Centro África; ya que es uno de los factores potenciales de inseguridad en África central.

También un taller fue organizado en septiembre de 2011 entre las instituciones de África Central y los representantes de la Unión Europea en esta parte de África, para estudiar los acuerdos con obligaciones jurídicos de Cotonou (entre la Unión Europea y los países de África, Caribe y Pacifico, el 23 de junio del año 2000, en la ciudad de Cotonou Benín).

Cabe resaltar que en los años ochenta, reciente a la creación de la CEEAC, ya estaba establecido un apartado destinado a la promoción de la paz, seguridad y estabilidad. Durante el periodo comprendido entre 1992 a 1997, cuando casi una inmensa parte de los países de la CEEAC sufrían fuertes conflictos armados internos, este apartado era inactivo o no funcional. Pero, es en el año 2012 que, África Central y sus instituciones regionales, dieron los grandes pasos:

Primero, en el mes de Abril, recibieron una donación de 45 millares de francos cefas de la Unión Europea, para que puedan integrar sus economías y sobre todo para reducir la pobreza en esta parte de África; este dinero fue recibido por la CEMAC.

Segundo, y más importante, en el mes de junio 2012 (día 13 en la ciudad de Libre ville Gabón) los países de la CEEAC adoptaron la estrategia para la prevención de riesgos, la gestión de catástrofes y la adaptación a los cambios climáticos; un inmenso paso que demostraba que África Central ya estaba preparada, junto con sus instituciones subregionales, para participar activamente en la lucha y prevención ante situaciones de Seguridad Global.

Esta adopción realizada por varios ministros y delegaciones de los Estados miembros de la CEEAC, bajo observación de las Naciones Unidas, marcaron una nueva era donde se tendría que contar con África central.

El plan de acción (ciudad de Yaundé, Camerún) de esta adopción abarcó los periodos comprendidos entre 2012-2017

En el año 2012 en de Junio (11 al 13 de junio), en la ciudad de Libreville, también la CEEAC decidió emprender la vía ecológica, con una reunión que permitió tomar medidas ante las catástrofes naturales ocasionadas por el calentamiento climático y adoptar el desarrollo sostenible, llegando a presentar un stand durante la conferencia de Rio+20 o conferencia de desarrollo sostenible de las Naciones Unidas.

***

En definitiva, vivimos en uno de los mejores periodos de la existencia humana; pero por tanto saber lo que ocurre alrededor de nosotros, hemos terminado perdiendo un poco de control sobre lo nuestro. La Globalización no es mala, pero nos deja ciegos y distraídos. Es verdad que la mejor forma de luchar contra las amenazas relativas a la seguridad Global es de forma consensuada, escuchando la opinión de todo el mundo (Naciones Unidas y sus asambleas), pero el mejor método de prevención es tener un mejor control de nuestros espacios. El cambio climático, la inestabilidad social, las crisis económicas… Etc., no pueden llegar alcanzar dimensiones internacionales si los controlamos con rigidez en nuestros territorios, tomando las decisiones oportunas en el momento idóneo.

CONCLUSIÓN

La segunda parte de «Conjeturas de las Relaciones Internacionales» nos ha llevado a través de un viaje intelectual fascinante y profundamente esclarecedor. Desde las intricadas dinámicas de la sociedad musulmana hasta el papel preeminente de Estados Unidos en la política internacional, y finalmente, hacia las complejas cuestiones de seguridad global y el papel de las Naciones Unidas, cada capítulo ha aportado una perspectiva única y valiosa a la comprensión de nuestro mundo contemporáneo.

El primer capítulo, «La Política del Mundo Musulmán», nos lleva a reflexionar sobre la estrecha relación entre la política y la religión en el mundo musulmán. Considero que la religión no debe ser utilizada como un instrumento político, sino que debe servir para pacificar la sociedad y promover la coexistencia pacífica entre diferentes grupos, independientemente de su credo, raza o ideología política.

He relacionado la palabra «política» con la expresión «el mundo musulmán», asimilado a una religión, el Islam.

Mucha gente musulmana sigue ignorando lo que es la religión y para qué debe servir. La religión no es política, un error muy grave que muchos políticos y luchadores por la libertad siguen conjugando. La política del mundo musulmán al igual que hicieron los cristianos, se ciernen en un bucle, están convencidos de ser los detentores de la única salvación y verdad divina. Dios, ZAMA, Iahvéy «Alá» es el mismo creador del cielo y la tierra para todos, cualquiera que sea la religión, y cualquiera que sea el nombre que le demos; su finalidad, dejémoslo claro para este capítulo uno, ha de ser la de pacificar nuestra sociedad y encontrar la manera de que todos podamos cohabitar, independientemente de la raza, credo, o ideología política.

He destacado la necesidad de un diálogo abierto y comprensivo entre culturas y religiones para superar las barreras que perpetúan los conflictos y la división. A través de una combinación de experiencias personales y referencias literarias, he ofrecido una visión profunda y matizada que destaca tanto las similitudes como las diferencias entre las sociedades musulmana y occidental. Subrayo la importancia de la comprensión mutua y el diálogo para construir un futuro más pacífico y respetuoso para todas las creencias religiosas.

El segundo capítulo, «La Política Exterior Americana», he presentado una reflexión crítica sobre el papel de Estados Unidos en el escenario internacional. En este capítulo he destacado la omnipresencia de la política exterior estadounidense y su impacto en los asuntos mundiales. Desde su posición de hegemonía mundial hasta las complejas relaciones con otras naciones, lanzo un desafío a reconsiderar nuestras percepciones sobre el liderazgo global de Estados Unidos. Se ha analizado las interacciones de Estados

Unidos con diferentes regiones del mundo, desde África hasta Asia y América Latina, destacando tanto las relaciones de amistad como las tensiones y conflictos, pues algunos países aceptan su política, otros la rechazan completamente; y los demás la observan con indiferencia.

Se ha resaltado en esta Quinta Conjetura, la necesidad de una colaboración internacional más sólida para mantener el equilibrio y la estabilidad en el mundo.

El tercer capítulo, «La ONU y la Seguridad Global", o Sexta Conjetura, me he sumergido en el complejo mundo de la seguridad global y el papel de las Naciones Unidas en su mantenimiento. Considerar las consecuencias de una aceptación parcial de lo que son las verdaderas amenazas Globales en las regiones, conlleva a situaciones de esfuerzos repetitivos sin soluciones definitivas.

He ahí que invoco la máxima de S.E. Obiang Nguema Mbasogo, el Jefe de Estado de la República de Guinea Ecuatorial, al pronunciarse ante la Asamblea General de las Naciones Unidas, Nueva York, en 2017, dando la solución definitiva a la paz y seguridad: «Recuerden que la paz y la seguridad internacionales pueden garantizarse cuando cada país disfruta de una paz interna y cuando se respetan sus derechos fundamentales e inalienables».

Destaco en este último capítulo la importancia de abordar las amenazas globales de manera efectiva a través de la cooperación internacional y la prevención de conflictos. Se discute el papel de los principales actores en la gobernanza mundial y se señalan los desafíos y críticas a la acción de las Naciones Unidas en materia de seguridad global.

En la Sexta Conjetura se hace un llamamiento a la acción, para abordar las amenazas globales, incluida la necesidad de desmantelar las armas nucleares y prevenir la proliferación de armas de destrucción masiva.

«Conjeturas de las Relaciones Internacionales, Parte Dos» nos recuerda la importancia de un compromiso genuino con la comprensión mutua, el diálogo y la cooperación en la búsqueda de un mundo más justo y equitativo para todos. A través de un análisis exhaustivo y una perspicacia penetrante sobre nuestras percepciones y comprensiones sobre las relaciones internacionales en el mundo contemporáneo, la obra nos ha guiado a través de un vasto paisaje de ideas y reflexiones dejándonos con una sensación de urgencia y esperanza, recordándonos que, aunque los desafíos son grandes, también lo son las posibilidades de cambio y progreso si nos comprometemos sinceramente con la causa de la paz y la justicia global

BIBLIOGRAFÍA

1. Álvaro Sandoval Bernal y Ricardo Abello Galvis (2007). Columnas Al Derecho: Universidad Del Rosario: Observatorio El Espectador. Editor Universidad del Rosario
2. Víctor M. Sánchez (Dir.), S. Beltrán, D. Bondia, C. Draghici, C. Espaliú, X. Fernández Pons, V. L. Gutiérrez, M. Iglesias, J. D. Janer, C. Jiménez, M. Á. Martín, O. Martín Ortega, N. Ochoa Ruiz, C. Pérez Bernárdez, Ma E. Salamanca, J. Saura, H. Torroja (2009). Derecho internacional público. Editor Huygens Editorial
3. Norma Alicia Canto Vera (2006).La Función Diplomática. Editor UABC
4. Luis Fernando Álvarez Londoño (2007). Derecho Internacional Público. Editor Pontificia Universidad Javeriana
5. José Manuel Calderón Carrero (2008). Convenios fiscales internacionales y fiscalidad de la Unión Europea 2008.Editor CISS, 2008
6. Julio MONTES PONCE DE LEON (2002).Medio Ambiente y Desarrollo Sostenible. Editor Universidad Pontifica de Comillas.
7. Richard L.DAFT y Dorothy MARCIC (2006).Introducción a la Administración. Editor cengage Learning Editores.
8. http://es.wikipedia.org/wiki/Pa%C3%ADs_desarrollado
9. Ignacio AGOTE IGLESIAS (2008).Pensamiento Social Cristiano. Editor ESIC Editorial.
10. Domingo MUÑOZ ARTEAGA y Luis SILVA GARCIA (2006).Cooperación Internacional y Ayuda Humanitaria: para enfermería. Editor MAD-Eduforma

11. Louis FAVREAU, Lucie FRECHETTE y René LACHAPELLE (2008).Coopératon Nord-Sud et Développement : Le Défi de la Réciprocité. Editor PUQ

12. Fidel ESQUIVEL (2011). ¿Por Qué Norte Y No Sur?".Editor Palibrio

13. Josef ESTERMANN (2008). Si el Sur Fuera el Norte: Chakanas Interculturales Entre Andes y Occidente. Editor Editorial Abya Yala.

14. Wiki pedía, la Enciclopedia Universal

15. http://www.un.org/es/hq/dpi/scd.shtml

16. http://www.fgum.es

17. Alfredo ARCEO VACAS (2012). El portavoz en la comunicación de las organizaciones: fundamentos teórico-prácticos. Editor Universidad de Alicante.

18. Volumen 22 de UOCpress. comunicación, manuales universitarios. (2012) Relaciones públicas globales: teoría, investigación y práctica. Editor UOC.

19. Alberto Pérez Gómez (2011). El control de las concentraciones de medios de comunicación.: Derecho español y comparado. Editor Librería-Editorial Dykinson.

20. http://historico.elpais.com.uy/Especiales/postguerra/pos7.asp

21. Louis Georges Tin (2012). Diccionario de la Homofobia. Editor ediciones AKAL

22. Olga Lepijina(2012). Naciones y hegemonías en el espacio postsoviético (1991-2008). El peso de la historia y la política de Estados Unidos. Editor RIL Editores.

23. Alex McFarland (2012).10 Respuestas Para Los Escépticos. Editor Charisma Media.

24. Abdelmumin AYA (2012). El Islam No Es Lo Que Crees. Editor editorial Kairos.

25. Perry STONE (2011).Se Desata la Bestia: El dictador fanático que viene y su coalición de diez naciones. Editor Charisma Media.

26. Hannah ARENDT (2011). Karl Marx y la tradición del pensamiento político occidental: Seguido de reflexiones sobre la Revolución húngara. Editor Encuentro.

27. Miguel Ángel BARRIOS (2008). Perón y el Peronismo en el Sistema-Mundo Del Siglo XXI. Editor Biblos editorial.

28. Rafael FERNANDEZ DE CASTRO, Hazel BLACKMORE. (2008)¿Qué Es Estados Unidos? Editor Fondo de cultura económica.

29. Jesús A. Núñez Villaverde, Balder Hageraats, y Malgorzata Kotomska.(2009). Terrorismo Internacional en África: La Construcción de una Amenaza en el Sahel. Editor Los libros de la catarata.

30. Lawrence Taub y Maxwell Lurla (2008). Imperativo Espiritual. Editor Trafford Publishing.

31. Samir AMIR (2008). El imperio del caos: la nueva mundialización capitalista. Editor IEPALA Editorial.

32. Jaime ESTAY REYNO, Orlando CAPUTO (2008). La inserción de América Latina en la economía internacional. Editor Siglo XXI.

33. Javier SOLANA, y Daniel INNERARITY (2011).La Humanidad Amenazada: Gobernar los Riesgos Globales. Editorial Paidos.

34. Roberto RICO, y Luis REYGADAS. (2000).Globalización Económica y Distrito Federal: Estrategia desde el Ámbito Local. Editores Plaza y Valdés.

35. Zygmun BAUMAN (2007).Miedo Líquido: La sociedad Contemporánea y Sus Temores. Editorial Paidos.

36. Milán KUNDERA. (2000).El Arte de la Novela. Editor Tusquets.

37. Marguerite.A.PEETERS. (2011).Marion-Ética."Los Expertos" de la ONU imponen su Ley. Ediciones Rialp

38. Manuel CRUZ. (1996).Tiempo de Subjetividad. Editorial Paidos.

39. Geiko Muller Fahrenholz. (1996). El Espíritu de Dios: Transformar un Mundo en Crisis. Editorial Sal Terrae.

40. Jacques MARITAIN. (1997).El Hombre y El Estado. Editor Encuentro.

41. United Nations. (2010). Las Naciones Unidas Hoy. Editor United Nations Publications.

42. Magiee BLACK. (2010). Naciones Unidas. Editorial Intermon Oxfam.

43. Cecilio Monterde DE FEZ. (2000). Las Naciones Unidas Un Gigante con pies de Barro. Editor Universe.

44. http://www.uneca.org

45. http://www.guineaecuatorialpress.com

46. www.ceeac-eccas.org
47. www.memoireonline.com
48. http://enciclopedia.us.es
49. http://www.buenastareas.com
50. Robert Carbaugh (2009). Economía International. Editor Cengage Learning Editores.
51. R. Alberto Calvo (2010). Crisis, pobreza y desigualdad en Venezuela y América Latina. Editor Teseo.
52. Fernando PAMPILLÓN FERNÁNDEZ, Marta María DE LA CUESTA GONZÁLEZ, Cristina RUZA Y PAZ-CURBERA (2009). Introducción al sistema financiero. Editorial UNED.
53. Luis Núñez Álvarez.(2012). Economía Global: Pasado, Presente Y Futuro. Editor Palibrio.

Cadenas y Pólvora
"En los mares de guinea"
Jorge-Abeso NDONG NNEME

Rufino NDONG ESONO NCHAMA
EL CAMINO DE LAS LÁGRIMAS
"La ruta del esclavo en Guinea Ecuatorial"

Orígenes de los Tatuajes Fang
de Guinea Ecuatorial
Rufino NDONG ESONO NCHAMA

Rufino NDONG ESONO NCHAMA
CUENTOS Y LEYENDAS
DE LOS PUEBLOS DE GUINEA ECUATORIAL

GRANDES PREMIOS LITERARIOS
Jorge-Abeso NDONG NNEME
SOBRE LA ÉPICA FANG
Vol. 1
Prólogo de Ramón Sales Encinas

CONJETURAS DE LAS RELACIONES INTERNACIONALES
PARTE I
Teodomiro Monsuy EYÍ ABANG

GRANDES PREMIOS LITERARIOS
EL INFORTUNIO
JORGE-ABESO
Antología Poética

CULTURA LITERARIA

www.ingramcontent.com/pod-product-compliance
Lightning Source LLC
Chambersburg PA
CBHW031402250726

48656CB00002B/523